海のアルメニア商人

アジア離散交易の歴史

重松伸司
Shigematsu Shinji

a pilot of wisdom

目次

はじめに―――― 8

第1章　アルメニアン・シルクロード―――― 18

カスピ海と黒海のはざま／離散の民からコスモポリタンへ／農業の民から商業の民へ／カントの「アルメニア商人説」／ユーラシア内陸の広域巡回商人／国際商都ジュルファの陥落／新ジュルファの建設／新都を拠点とする交易回廊／西のアルメニアン交易回廊／交易都市を結ぶ情報回廊／「交換」の場、フンドゥク／北のアルメニアン交易回廊／東のアルメニアン交易回廊／なぜアルメニア商人の広域交易は可能だったのか／ウサギの目と耳と脚／帝国間の覇権争い／ユーラシア内陸交易の衰退

第2章　陸と海のインド交易回廊 —— 47
ホヴァンネスのインド交易路／コスタンドの交易録／ラホールのアルメニア商人たち／アーグラのアルメニア人高官／スーラトのアルメニア人司祭／アルメニア商人の海洋進出は早かった／インド～東南アジアの航海ルート／ザファル青年が語る旅の記録／陸と海を結ぶ鞘どり交易

第3章　アルメニア商人とイギリス東インド会社 —— 64
イギリスと手を結ぶ／一六八八年協約／内陸ルートから海上ルートへ／主協約書の内容／ＥＩＣの意図は／ＥＩＣ、アルメニア商船を利用／内陸都市から海港都市へ／アルメニア商人のゴールデン・トライアングル

第4章　アルメニアン・コミュニティの家族史
――ホヴァキム家の事例――　79

シンガポールのアルメニアン・コミュニティ／シンガポールのホヴァキム家／起業家パルシク・ホヴァキム／東南アジア、インド、イギリスを結ぶ一族／園芸愛好家の母娘ウレリア、アグネス、サラ／新種のラン発見／国花となったヴァンダ・ミス・ジョアキムと交配論争／論争はどう決着したか／家族史から現れる姿

第5章　アジア海域のアルメニア海運――　102

アジアの海運同盟／カルカッタ航路の争奪／大阪商船の調査報告／日本郵船の調査報告／アプカー商船の創業／ＢＩリストの中のアプカー船舶

第6章　アルメニア商船の日本就航――　123

居留地記録のアプカー商船／アルメニア商船の神戸入出港／

アプカー商船と有力商会／C・イリス商会とアルメニア号／コーンズ商会とP&O／ブラウン商会とアプカー商船／バーナード商会／ホーム・リンガー商会とアプカー商船／アルメニア商船の長崎入出港／特別輸出港とアプカー商船

第7章　アルメニア商人の居留地交易――142

アルメニア人、A・M・アプカー／『ジャパン・ディレクトリー』に見るアプカー商会／横浜アプカー商会の変遷／横浜七〇番館アプカー商会／関東大震災と神戸への避難／神戸のアプカー家／神戸アプカー商会一八九八～一九二八年／アプカー商会の交易品／ニッチ交易

第8章　アルメニア通り・教会・ホテル――169

アジアのアルメニア通り／カルカッタのアルメニア人街／アルメニア人街の住人たち／カルカッタのアルメニア人家族／

南アジア・東南アジアのアルメニア教会／アルメニア人のホテル経営／
アルメニア人のクラシックホテル創業／
東南アジアのホテル王、サーキーズ四兄弟／アルメニア人経営のクラブホテル／
名前・国家・宗教

おわりに　196

謝辞　202

図版作成／MOTHER

はじめに

アルメニアについて語ろうとすれば、避けて通れない言説がある。それは、「緩衝地帯」「ジェノサイド」「交易の民」だ。

アルメニアという民族と社会は、大国の干渉・侵略、離散という絶え間ない政治変動に翻弄されてきた。アルメニア人の歴史家ブルヌティアンのアルメニア民族の通史はそうした史実を余すところなく描いている。同書は邦訳にして本文四五〇頁、巻末年表三〇頁の大著である。[*1]

有史以来の二〇〇〇年以上の間、アルメニアの置かれていた立ち位置は、次々と勃興する帝国のはざまにあった。ローマとパルティア、ササン朝とビザンツ、ビザンツとアッバース朝、神聖ローマとイル・ハン国、サファヴィー朝とオスマン帝国、オスマン帝国とロシア、ロシアと西欧列強諸国……。アルメニアはこれらの大国が引き起こす緊張と対立と紛争の緩衝地帯となり、その均衡が破れるや侵略を受け、侵略の挙句に離散や虐殺という運命に追い込まれた。そのことが同書の「年表」には淡々と記されている。紀元前四〇〇〜三〇〇年の間には、「自治」「独立」を果たし、紀元前八〇年頃には最大版図を得るが、数世紀も持続することはなく短命に終わった。アルメニアが実質的な独立を果たしたのは一九九一年、わずか三〇年前のことである。

アルメニアについての重要な言説は「ジェノサイド」だ。この用語自体は二〇世紀半ばから使われ始めたのだが、[*2]ジェノサイドの実態は紀元前後から発生している。一九世紀以降に限っても、少なくとも三度、一八九五〜一八九六年、一九〇九年、一九一五〜一九二二年に民族の虐殺が発生しているが、今もなお実態の解明は不十分である。[*3]

ジェノサイドとは集団虐殺に限らない。ライフ・ベース、つまり食料・水・住居のインフラをはじめ、移動、定住、家族、職業、信仰……人びとが生存の基盤とするあらゆる自由を絶たれることである。そうした歴史的な悲劇はアルメニアだけではなく二一世紀の今日もなお、世界のあちこちで繰り返されている。その惨状たるや、地域や民族を問わず、新たなジェノサイドの時代ではないかと思わされる。

ジェノサイドから逃れる手段の一つは民族の分散逃避であるが、それは難民となり離散（ディアスポラ）という結果をもたらす。正確に言えば、離散は結果ではなくして、その前後に「いかに生き抜こうとしているか」という意思と、「どう生き抜いてきたか」という現実がある。

本書の主たる関心は、干渉や侵略や虐殺という政治・社会状況の直接的な実態の解明ではない。アルメニアの人びとが「いかに生き抜こうとし、生き抜いてきたか」という営為を、「アジアへの離散と交易」という史実の視点から描くことにある。

当然のことだが、離散アルメニア人の実態を網羅的に紹介することは難しい。

本書は、筆者がアジア各地で出会った人びとへのインタヴューと、さまざまな歴史遺跡、関係史料にもとづく現場確認、「フィールドワーク」から得られた成果の一端である。

二〇〇〇年頃から、筆者はベンガル湾沿岸域のインドのコルカタ（旧カルカッタ）を中心に、チェンナイ（旧マドラス）、バングラデシュのダカ（旧ダッカ）、ミャンマー（旧ビルマ）のヤンゴン（旧ラングーン）、シンガポール、マレーシアのマラッカ、ペナンなどの港町でアルメニア商人についての史料収集と墓碑調査を行ってきた。[*4] インド・東南アジアのアルメニア人のコミュニティについては史料も情報も少なく、あっても断片的で、在留アルメニア人の関係者もなかなか現れず、調査は困難を極めた。

しかし、調査を進めてゆく中で新たな事実が明らかになってきた。数少ないアルメニア人コミュニティの中で、香港《ホンコン》で事業を興し、アジアのアルメニア人救済者として敬われ、後にはアルメニア人として初めて「サー」の称号を授与された実業家ポール・チャターや、一八六〇年代から海運、海上保険、炭鉱業など手広く事業を営んでいたアプカー一族などが、旧カルカッタに拠点を置いていたことなど、さまざまな事実が断片的ながら浮かび上がってきた。

かつてイギリスの植民地領であった旧カルカッタは、アジアにおけるアルメニアン・コミュニティの「拠《よ》り所《どころ》」であった。現地のインド人はほとんど気付かないのだが、今もなお同市の下町、安宿が軒を連ねているサダル通り近くには、入り口に「アルメニアン・カレッジ」と大書されたゲートがある。周囲は高い塀で囲まれ、ゲートでは複数の警備員による厳しいチェックが行われていて、外部からの訪問者をよせ付けない。筆者は幾度となくこの施設に通い、電話をかけ、訪問の趣旨を伝え、一週間後にようやく扉が開いた。中は二万平方メートルもあろうか、幾棟かの建屋と運動場があり、一〇〇人ほどの若いアルメニア人の男女が生き生きと生活していた。

数回の訪問の後、やっとのことでその責任者であるアルメニア人、ソーニア女史の信頼を得て、彼女の紹介でコルカタ市内のアルメニア人施設や教会や墓地、さらには同市北部のチンスラー、バングラデシュの首都ダカのアルメニア教会と管理人を次々と訪ねることができた。

しばらく通ううちに、コルカタの南・北の郊外にも高い塀に囲まれたアルメニア人の関係施設があることを知った。それらの区画内には管理事務所のほかに、生活施設や学校、養護院、教会、墓地なども併設されていて、老人や壮年のアルメニア人がともに生活している施設もあった。ここには、周囲のインド世界とは全く隔絶した「アルメニアン・アジール」ともいえる空気が充満しており、南アジア在住のアルメニア人の安息の場であることが伝わってきた。

帰国後、筆者はアルメニア友好団体の関係者や居留地研究者の案内で、横浜山手外国人墓地や神戸市立外国人墓地にはアプカーやほかのアルメニア人の墓碑が残っていることを知った。

幕末・維新期の当初に、旧居留地にアルメニア商人が到来したことも明らかになった。改めて函館、横浜、神戸、長崎の旧居留地や外国人墓地、彼らが商会を置いた大阪や門司《もじ》の市内、居留地外国人の保養施設があった神戸、その西郊の舞子、塩屋、北郊の有馬など旧跡を訪ね回り、史料をしらみつぶしに当たった。

その結果、函館の居留地関係史料にはアルメニア人らしい人名も墓碑も見当たらないことが判明した。だが、ほかの居留地では商会や海運会社、ホテルなどアルメニア商人関係の史料が次々と現れた。

ところで、アルメニアという国名やアルメニア人という民族名は、我々日本人の認識からは遠く、深く理解されることはほとんどなかった。インドで活躍していたアルメニア人が、南シナ海、東シナ海を経て、やがて中国や日本にまでやってきたという事実も知られることはなかった。

近世のユーラシア大陸では、アルメニア商人は「陸の巡回商人」として活躍していた。そうした史実は第1章で紹介するように、これまで海外の研究でかなり明らかになっている。しかし、近代になると彼らが「海の商人」に変貌し、インド・東南アジアを経て東アジアにまで到来したという史実はほとんど明らかにされてこなかった。では「陸の巡回商人」が「海の商人」に転身した背景には何があったのだろうか。

筆者の関心は近代の国際交易史にはない。小民族であるアルメニア人の移動に関わる動機や背景、海域での交易活動や彼らの交易圏の広がり、そして、彼らを結びつける「ネットワーク」、彼らの拠り所《アイデンティティー》、そしてアルメニア海商とイギリスやフランスなど強大な海洋帝国との関わりがテーマなのである。

本書におけるアルメニア商人の交易の主な舞台は、近代におけるベンガル湾からマラッカ海峡、日本に至る海域世界である。彼らの活動は実は香港や上海《シャンハイ》、厦門《アモイ》などの中国各地、ウラジオストックなどにも及んでいた。そのことは「チャイナ・ディレクトリー」や「チャイニーズ・レポジトリー」などの記事から断片的にうかがえる。しかしながら、これらの地域での史料収集や現地調査の機会がなかなか得られず、しかも政情の変動などでここ十数年の間、調査のめどは立たず、ついに断念せざるを得なかった。中国におけるアルメニア商人の活動については、極めて重要なテーマなのだが、史実検証を今後の研究に俟《ま》たざるを得ない。

近代アジア、特に南アジアから東アジア一帯のアルメニア商人の実態については、一般書はもちろん国内外の専門研究でさえも多くはない。本書はいわばその端緒、出発点である。アルメニア人による最新の研究を取り上げつつ、本書の内容に関連する一般向けの邦語文献や翻訳書もできるだけ紹介しておきたい。

それでも史料の欠如や論証の不十分な点があるだろう。それはひとえに筆者の責任である。今後の研究の深まりの中で補足修訂していただきたい。

なお、本書では次の点に留意した。

1　歴史的用語や人名・事件名は、基本的に邦語表記とした。

2　本文での人名・地名は、基本的に近代の表記とした。

3　本書では、「離散アルメニア人」と「在外アルメニア人」という用語・概念を使い分ける。

4　文献を参照した箇所には註番号を付して、各章末に一括してまとめた。

註

＊1　ジョージ・ブルヌティアン著、小牧昌平監訳、渡辺大作訳『アルメニア人の歴史——古代から現代まで』藤原書店、二〇一六年。原書：George A. Bournoutian, *A Concise History of the Armenian People: from Ancient Times to the Present*, Mazda Publishers, 2012

＊2　一九四八年一二月九日の国際連合総会において採択された条約によって初めて承認された「国際的な犯罪」。一九四四年にユダヤ系ポーランド人ラファエル・レムキンによって提唱された用語・概念である。主としてホロコーストがユダヤ人に対する、ジェノサイドがアルメニア人に対する民族抹殺を含意したが、今日ではより広くさまざまな民族集団に対する非人道的な犯罪を意味する概念として用いられている。

＊3　松村高夫・矢野久編著『大量虐殺の社会史——戦慄の20世紀』ミネルヴァ書房、二〇〇七年、第一章「トルコにおけるアルメニア人虐殺（一九一五～一六年）」。

＊4　重松伸司『ベンガル湾海域文明圏の研究——アルメニアン・コミュニティの社会組織とその活動』〈調査研究基礎資料〉、「海域学」プロジェクト関連事業成果報告書、立教大学アジア地域研究所、二〇一四年六月（未公刊）。

ヴォルガ川
ヴォルゴグラード
アストラハン
コーカサス
（カフカース）山脈
グルジア
（ジョージア）
アルメニア
エレヴァン
アゼルバイジャン
タブリーズ
カスピ海
アラル海
シルダリア川
トゥルクメン
ホラズム地方
アムダリア川
メソポタミア
ティグリス川
バグダード
ユーフラテス川
イラク
バスラ
ペルシャ
イスファハン
イラン高原
アフガン高地
アフガニスタン
カーブル
インダス川
パキスタン
ホルムズ
ホルムズ海峡
ペルシャ湾
アラビア海
サウジアラビア

近世・近代のユーラシア世界

アンリ・スチールラン著、神谷武夫訳『イスラムの建築文化』（原書房、1987）をもとに作成

第1章　アルメニアン・シルクロード

カスピ海と黒海のはざま

アルメニア人とはいったいどのような民族であり、アルメニアとはどのような国なのか。情報化の進んだ現在でもなお、その民族と歴史をつぶさに知ることは容易ではなく、また知る手掛かりもあまりない。

まずはアジアのアルメニア商人について語る前に、アルメニアという国と人びとについて簡単に触れておきたい。[*1]

アルメニアはよくアルバニアと間違われ、またアゼルバイジャンと地理的・政治的に混同される。なるほどこれらの三国はユーラシア史上しばしば「紛争の地」となってきた。トルコ、イラン、ロシア、ヨーロッパ諸国が領有・支配のために覇を競ったのだ。アゼルバイジャンはカスピ海の西岸に面し、イランと国境を接している。アルバニアは「バルカン半島」（東南ヨーロッパ）にあって地中海への出口であった。そのため、これらの地域は列強諸勢力の紛争に歴史上たびたび巻き込まれた。

また、アルメニアとアゼルバイジャンとは隣国で、それゆえにロシア、トルコ、イランなどの思惑に翻弄されながら現在まで領土紛争が続いている。

ここでは、アルメニアが急峻《きゅうしゅん》な山系に沿った高地であるのに対して、アゼルバイジャンはカスピ海沿岸、アルバニアは地中海沿岸の開けた平地という地理的な条件の違いとともに、いずれもユーラシアの大国間の争いを国際的な大紛争へと拡大させた火薬庫であったという、地政学的な共通点を指摘しておきたい。

離散の民からコスモポリタンへ

今日のアルメニアは小国である。ユーラシア大陸にある世界最大の塩湖カスピ海の西、ボスポラス海峡を通じてマルマラ海、さらには地中海と結ばれる黒海の東、そのはざまの山岳地帯にへばりつく三万平方キロメートルばかりの高地にある。この地に住むのは現在約三〇〇万人、横浜市の人口にも満たない。だが、海外に居住するアルメニア人は推計約八〇〇万人（二〇一〇年推計）、アルメニア本国の三倍に近い。海外に移動し定住した民族としては中国、インド、ユダヤなどの人びとが知られるが、海外の人口が祖国のそれをはるかに超える民族はそう多くはない。

ギリシャ・ローマ時代にはすでに、アルメニア人やアルメニアという国が文献に登場する。[*2]繰り返すことになるが、アルメニアは古来、中央ユーラシアから小アジア、地中海にかけて勃興する大国に支配され、時に大国間の緩衝地帯あるいは仲立ちの役割をさせられてきた。

古代から二〇世紀に至るまで二〇〇〇年以上もの間、自分たちの国を創建しては潰され、潰されては再興し、度重なる国家の興亡を繰り返しつつ、そのたびに離散を余儀なくされながらも、一九九一年にようやく共和国を成立させ自立した民族は歴史上珍しいのではないだろうか。

農業の民から商業の民へ

アルメニア人は「交易の民」として世界的に知られてきた。しかし本来そうであったのだろうか。

「はじめに」で述べたアルメニア人史家のブルヌティアンは、「アルメニア人の大部分は近代まで主として農業に従事してきた」という。[*3]また、アルメニア史研究者のウォーカーも二〇世紀初頭まではアルメニア人の七割以上は農民であったという。[*4]元々商業民族であったとみなす通説には批判的だ。

ブルヌティアンの主張もそうなのだが、「歴史的アルメニア」に住み続けて、農業を生業と

アルメニア帝国の最大版図（紀元前80年頃）

『アルメニア人の歴史』をもとに作成

しながら、その土地を固守し続けたと自負する意識は、アルメニア人の間では依然として根強いようだ。

「歴史的アルメニア」とは、ヘレニズム時代の紀元前八〇年頃にカスピ海から地中海に至る最大の版図を誇った領域をいう。だが、その支配はごく一時的でその後のアルメニアは近代に至るまで分断の状況に置かれていた。

コーカサス山系の高地では可耕地は二〇％に満たず、火山性土質ではオリーブやブドウのほかに小麦、大麦などの穀物類しか生育しない。銅、鉄、亜鉛、鉛、銀、金などの鉱物資源は豊かだが、それらの資源を活用する産業・技術が古来十分に発達していたとはいえない。

歴史地理的な一般条件でいえば、土地が狭

く痩せていて農耕に適さず、稠密《ちゅうみつ》な人口の生計を維持するには不十分で、また取り立てて産業もない土地では、人びとの生存する方途は出稼ぎか交易か略奪のほかにない。それは一見乱暴な、しかしある意味で説得力のある見方でもある。その点でいえば、アルメニアも例外ではなかっただろう。

コーカサスの高地にあって農業の生産力が低かったから、それを補完し、また余剰労働力を活用する方便として、外国の傭兵《ようへい》となり、[*5] あるいは環地中海域の巡回交易に従事してきた者は多かっただろう。そうした地理的・経済的な条件が故地を離れて生活の場を見出《みいだ》す「ディアスポラ」を生み出したことは考えられる。しかし、こうした言説はその後に頻発したジェノサイドによって直接的あるいは間接的に生じた近世・近代のディアスポラとは異なる。後者のディアスポラを筆者は「新ディアスポラ」と呼ぶ。

では、いったいいつ頃から、なぜアルメニア人が「交易の民」とみなされるようになったのだろうか。古代・中世の事情は不明であるが、史料が残っている近世以降のアルメニア商人について、そのイメージをたどってみようと思う。

カントの「アルメニア商人説」

一七〜一八世紀のフランスやオランダでは、野営する旅商人の姿を画題とする絵画が好んで描かれたという。それらの多くはアルメニア商人のイメージであった。「近代哲学の父」と呼ばれるイマヌエル・カントは、一八世紀末に発表した「実用的見地における人間学」の中で、ヨーロッパの諸民族の気質を類型化して評論しているのだが、その中でアルメニア人には好意的な評価を与えつつ、次のような民族観を語っている。

キリスト教の国民であるアルメニア人についていえば、彼らにはある種非凡な商人気質が貫かれていて、中国の国境からギニア海岸のコルソ岬まで徒歩で交易を営んでおり、このことから理知的で勤勉なこの国民はある特定の祖先からの一貫した末裔であることが窺われるのである。[*6]

（傍点は引用元による）

「ある種非凡な商人気質」とか「中国の国境からギニア海岸のコルソ岬まで徒歩で交易」「ある特定の祖先からの一貫した末裔」といった、カントによる断定的な「天賦商人気質」説が史実に裏打ちされているかどうかは不明だが、当時の西ヨーロッパ人のステレオタイプなアルメニア人観を反映していると見てよかろう。当時の西ヨーロッパ人が、あちこちで「旅するアルメニア商人」について見聞しては、そこに「移動する人びと」への憧憬を反映させていたのではないかとも考えられる。

では一七～一八世紀のアルメニア商人は、いったいどのような地域で、どのような交易を行っていたのだろうか。近代に入ってアルメニア商人がアジアの海に乗り出す前に、まずは近世におけるユーラシア内陸部のアルメニア人の広域巡回商人について、最近の研究を紹介しながら概観しておきたい。

ユーラシア内陸の広域巡回商人

近世ではアルメニア人は広域巡回商人として活躍しており、ロシア、中央アジア、西アジア、地中海世界、西ヨーロッパ、南ヨーロッパに広がるユーラシア大陸の各地で交易を行っていた。彼らは内陸の「広域・長距離間を移動する巡回交易」集団と考えられた。歴史学者のカーティンは民族学者コーエンによる西アフリカの交易概念の用語[*7]をもとに、さまざまな民族の「交易共同体」を比較しつつ、アルメニア人のそれを「交易離散共同体《トレード・ディアスポラ》」と位置付けた[*8]。だが、この用語・概念はアルメニア人の「離散と交易」について誤解を招くことになる。長距離・広域・中継地という要素ではコーエンの概念と共通するが、ネットワークのあり方や「離散」のあり方（特に国家の分断と民族の分散）については、華僑《かきょう》やインド人の遠隔交易と同一には論じられないはずだ。

アルメニア商人による内陸の「広域・長距離間を移動する巡回交易」が、いつの時代から行われてきたかは定かでない。だが、彼らの交易範囲が主として「内陸」にとどまっていたのは、遅くとも一八世紀末までのことであり、一九世紀に入ると急速にユーラシアの外縁部に位置するアジアの「海港を結ぶ海洋交易」へと広がっていった。その重要なきっかけの一つは、一九世紀以来断続的に発生したアルメニア人に対する大規模な民族抹殺、いわゆるジェノサイド[*9]だと考えられてきた。だが後述するように、実はすでにそれ以前から、彼らは小規模ながらアジアの海に乗り出していたのである。

国際商都ジュルファの陥落

ジュルファという地名からその歴史や経済的役割を想起できる人は少ないだろう。現在そこはアゼルバイジャン領で、アラス川の北岸に位置する小村である。旧住民であったアルメニア人の墓と独特の石碑板ハチュカル[*10]が数多く残るにすぎない。しかし一六世紀末までは、この地はユーラシア交易の拠点であり、さまざまな民族の商人たちが往来し、隊商宿《キャラバンサライ》が立ち並ぶ国際的な交易都市であった。

サファヴィー朝による侵攻直前のジュルファは、推計二〇〇〇～四〇〇〇戸、約一万五〇〇〇人のアルメニア人が住む都であったとされる[*11]。ここを基点にコーカサス地方からイランを縦断して小アジアのイズミル、シリアのアレッポ、地中海のヴェニスなどを結び、また東はインドに至るユーラシア交易回廊のいわば結節地として栄えた。それゆえにまた「火薬帝国」と呼ばれた強勢のオスマン帝国やサファヴィー朝による争奪の的でもあった。

両国の数度にわたる戦いの中で、一五八〇年代にジュルファはオスマン帝国の手に落ちた。しかしその後、国勢を挽回《ばんかい》したアッバース一世治下のサファヴィー朝とオスマン帝国との間で再び激しい争奪戦が繰り広げられ（一六〇三〜一六〇八年）、この地はイラン側の支配するところとなった。

一六〇四年、ジュルファを支配したアッバース一世の軍勢によってアルメニア人は強制移住させられた。彼らは銃剣と槍先《やりさき》に追い立てられ、家畜とともに町を離れてアラス川に飛び込み、ある者は激流に流され、ある者は辛うじて南岸にたどり着いたという。その惨状は、生きながらえたアルメニア人の一カトリック司祭によって詳細に記されている。[*12] 彼らの中には、そこからさらに南下してタブリーズに、そして翌一六〇五年にイスファハンにたどり着いた者もいた。この間二五万〜三〇万人が強制移住させられたという。[*13]

アッバース一世によるアルメニア人の強制移住は一六〇四年から一六〇五年にかけて続き、町は焼き払われてジュルファは廃墟《はいきょ》と化し、住民が再び戻ることはなかった。

新ジュルファの建設

ジュルファの焼き討ちとアルメニア住民の強制移住は、この地が再びオスマン帝国の手に落ちて、住民や施設が使役されることを防ぐための、いわば軍事的な意図によるものであり、サファヴィー朝の経済再興を図る目的でイスファハンに移されたわけではなかった。[14]

イスファハン近郊にたどり着いたアルメニア人たちは、当初、先住のイスラーム教徒の地での仮寓《かぐう》を認められた。アルメニア商人たちは、イスファハンの南を東西に流れるザーヤンデ川の南側の地に移され、一六一九年の勅許状《ファルマン》によって人頭税の支払いを条件にこの地での居住が認められた。その後、彼ら新住民は自ら舗道を整備し、一二の教会を建設し、アルメニア人の有力商人の名を冠したナザル大通りを中心に「一〇の居住区《タスナク》」、さらに南にも「一〇の居住区」を建設した。各居住区には区長《カドクダ》、さらに彼らを統括する市長《カラーンタル》がアルメニア商人の有力者の中から選ばれ、彼らによって商議会と市議会が構成された。かくして、キリスト教徒であるアルメニア人は人頭税を支払うことによって、サファヴィー朝の保護を受ける庇護民《ズインミー》の地位を得て、次第に半自治的な都市の形を整えるようになった。[15]

イスファハン南郊のアルメニア人街は拡大し、一六〇〇年はじめに一万人ほどであった人口は一七世紀末には三万人に上ったと推計される。やがてこの町は一六〇四年に追われたアラス河畔の故地ジュルファに因《ちな》んで、「ノルジュガ（新ジュルファ）」と呼ばれるようになった。それ以後、アルメニア人の間でジュルファといえばイスファハン南郊の「ノルジュガ」を指すこと

アルメニアン・シルクロード

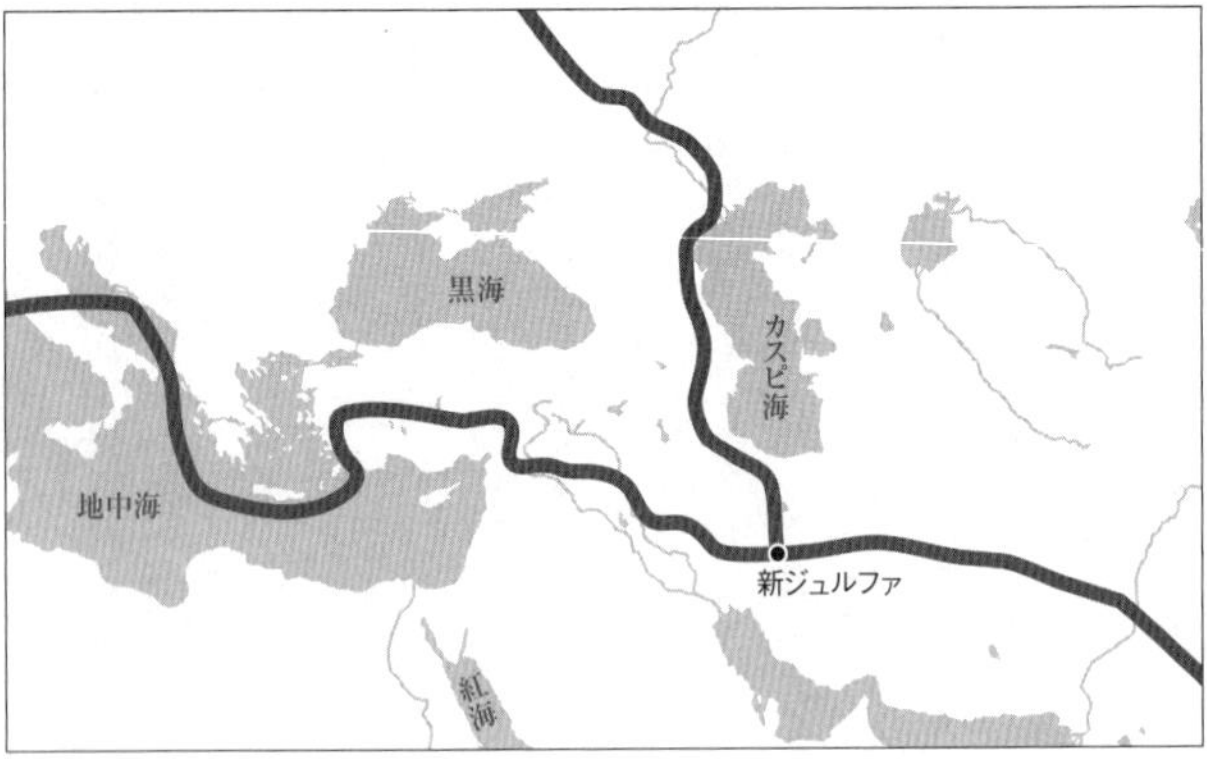

になる。

新都を拠点とする交易回廊

一七世紀から一八世紀にかけて、アルメニア商人たちは新ジュルファを拠点に、陸路・水路・海路による長距離巡回交易を再開した。

その交易路はトルコのアナトリア地方から地中海東部、西ヨーロッパあるいは南ヨーロッパに展開する西方ルート、カスピ海からロシア・北ヨーロッパに向かう北方ルート、そしてイラン高原からアフガン高地を経てインド中央部のガンジス川流域に至る東方ルートの少なくとも三ルートであり、各ルート上の結び目となる中継都市《ノーダル・タウン》から、さらに各地に商圏を広げていった。

そうした交易圏はアルメニア商人の中核都市《ピヴオタル・センター》であった新ジュルファを基点に八方に広がっていた。

西方交易ルート

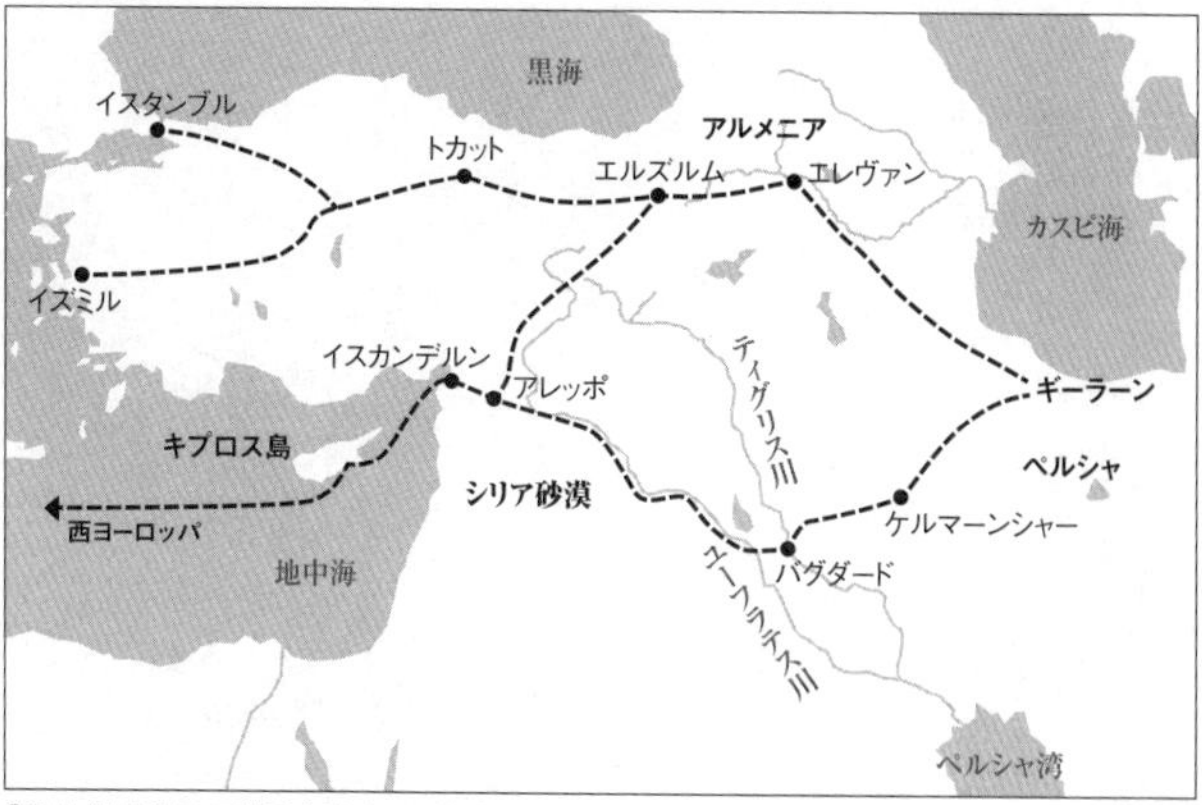

『異文化間交易の世界史』をもとに作成

それはあたかもアルメニア商人集団という頭脳に張り巡らされた中継都市という神経細胞《ニューロン》を結ぶ伝達回路であり、それらの伝達回路を通じて人と情報と商品と資金が新ジュルファと各地の商人たちの間を循環した。こうした伝達回路を通じてイランの絹、ロシアの毛皮、カスピ海のキャビア・魚、インドの香辛料・貴石類などの商品が取引された。これらの交易回廊についてさらに詳しく見てみよう。

西のアルメニアン交易回廊

第一の交易ルートは「絹と銀の交換交易」を主体とする西方ルートである。それは、新ジュルファ〜アレッポ〜イズミル、イスタンブル〜ヴェニス、リヴォルノ〜マルセイユ、さらには北のアムステルダム〜ロンドン、あるいは西の

北方交易ルート

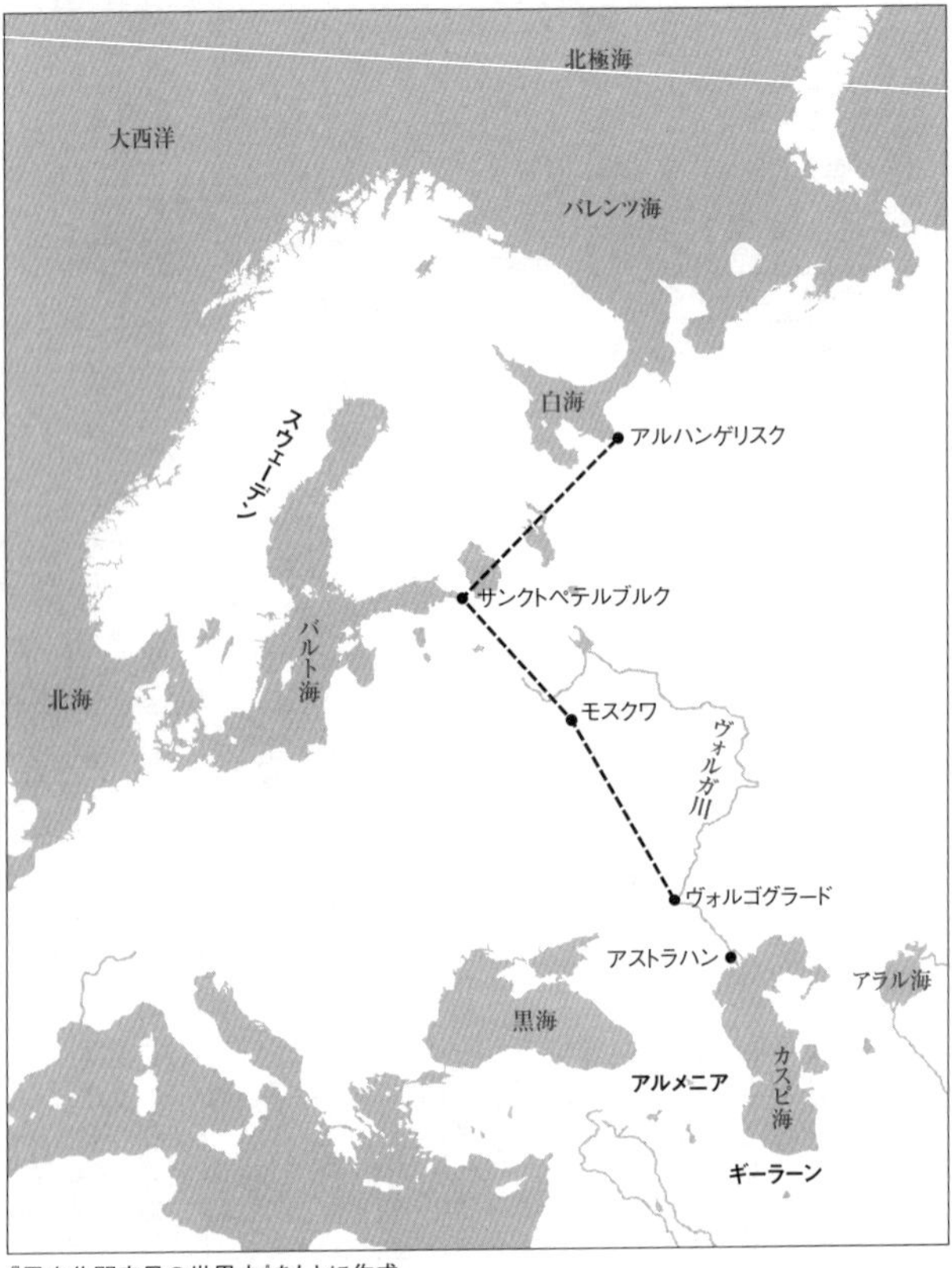

『異文化間交易の世界史』をもとに作成

マルセイユ〜南ヨーロッパ、というコースであった。カーティンによれば、ギーラーンからイズミルまでは七〇日、また、ギーラーンからアレッポまでは六〇日の旅程であった。[*16] これらの都市からさらにエーゲ海・地中海を経由してヴェニス、リヴォルノに到達した。

この交易ルートに沿う地中海東部一帯は、一一世紀頃から盛んになったレヴァント交易（東方交易）の舞台として知られており、一五世紀頃まではビザンツやイスラーム商人とイタリア商人との間で、銀を交換媒体とした絹や布地、貴金属、香辛料などの交易が盛んであった。

一五世紀以降、オスマン帝国の伸張によってこの交易は衰退していったと一般には考えられている。しかし、実は、キリスト教徒のアルメニア人は、レヴァント交易の衰退後も、オスマン帝国の「臣民」に準じた扱いと庇護《ひご》を受けながら、イタリア商人やイスラーム商人との信用関係を維持して、シリア、トルコからさらにイタリア、フランス、イギリスまで商圏を広げていたのである。

地中海世界におけるアルメニア商人については、アナール学派の代表者であり、地中海世界の歴史的展開を論じたブローデルの記述は案外少ないのだが、一七世紀には、ユダヤ商人と対抗するほどの力をつけ、アッバース一世の経済的仲介者として地中海の経済に大きな影響を及ぼしていたことをこう記している。

アルメニア人は（中略）西欧に船を貸し、彼ら自身西欧に出かけていき、シャー・アッバース一世の商業拡大政策の仲介人となる。これが、レヴァントにおける、一時期地中海全域の支配者であったイタリア商人の豊かなブルジョワ階級の後継者である。[17]

交易都市を結ぶ情報回廊

彼らアルメニア商人の活発な情報交換をうかがわせる史料が残されている。それは一六六五～一七六〇年の間に、各地のアルメニア商人同士が交わした通信文である。全四六通の通信文には、発信者／受信者、発信地／受信地、発信時期／受信時期、発信から受信までの所要日数が記録されている。それらの半数はアルメニアの有力商人、ペトロス、オハンネス、ステパンらとヴェニス、イズミル、リヴォルノに駐在したアルメニア商人との間の頻繁な通信である。また、ヴェニス～イズミル間、ヴェニス～ナポリ間、ヴェニス～リヴォルノ間、ヴェニス～アムステルダム間、イスタンブル、モスクワ、バグダードの相互間でもアルメニア商人同士でやり取りが行われていた。通信文の内容は記述されていないが、おそらく各地の経済状況や政治情勢の報告、取引関係の書類などであろう。このような通信文の往来によって、モスクワからイタリア半島に至る広い範囲にアルメニア商人が商圏を広げていたと考えられる。[18]

地中海に面するマルセイユは、新ジュルファと地中海、西ヨーロッパ、南ヨーロッパを結ぶ重要な商都でもあった。先述のイタリア諸都市からオランダのアムステルダム、さらにはロンドンに至る西ヨーロッパ市場、そしてまた、地中海からポルトガルに至る南ヨーロッパ市場の中継都市マルセイユに定住するアルメニア商人たちは、フランス語で「ショフラン（ジュルファの民）」と呼ばれ、もっぱらイラン産の絹を扱う商人として重視された。[*19]

「交換」の場、フンドゥク

交易回廊の節々に位置する中継都市には、フンドゥクと呼ばれる一種の隊商宿があって、アルメニア商人たちはこの宿に泊まるように定められていたという。それはオスマン帝国による異教徒や異民族の商人に対する隔離策であり、また彼らを管理する場と考えられた。[*20] しかし、そこはまた、後述するアルメニア商人コスタンドの教えにあるように「単独での旅を避け、見知らぬ者と起居をともにせず、同胞と同じ釜の飯を食うべし」という安心の場でもあったといえよう。[*21] 各地からやってきた商人たちと政治や経済の情報を交換する場でもあり、長旅で運ぶ商品を保管する倉庫でもあり、[*22] また新ジュルファや各都市の商人たちと為替や信用状を交換する場としての役割も持っていたと考えられる。

つまり、フンドゥクは単なる宿泊施設というよりは、アルメニア商人たちの交易に関するさまざまな役割を果たす場であったと考えられる。特に、商品の保管や信用状・為替の交換は、長旅の多いアルメニア商人にとっては死活に関わることであったから、フンドゥクはアルメニア商人には不可欠の場であった。

だが、一七世紀後半に始まるトルコ、ロシア、イランという大帝国間の戦争によって、内陸巡回交易路と基幹都市・新ジュルファが衰退し、その結果としてユーラシアの内陸交易が困難となるにつれて、このフンドゥクも次第に衰退していった。

アジアの海に展開していったアルメニア商人が、フンドゥクに代わるこうした多機能的な施設・場を再生するのは一九世紀以降のことである。それは、国際的な状況に対応した新たな情報交換、避難の場としての宿泊《ボーディング・ハウス》所の経営であった。そのことは第8章で述べることにする。

北のアルメニアン交易回廊

アルメニア商人による第二の主要な交易回廊は、ユーラシア内陸北部に広がる地域である。その交易の特徴は、絹と毛皮や銀、あるいは絹・魚介類と銀の交換にあった。この交易は三つの交易圏から成り立っていた。

一つ目はヴォルガ川流域の交易圏、つまり新ジュルファからタブリーズへ、そこからカスピ海を経て、北岸のアストラハンからヴォルガ川を遡上しヴォルゴグラード～モスクワ～サンクトペテルブルクを結ぶ交易圏である。二つ目は北欧の交易圏で、アルハンゲリスクから白海海域に至る交易圏、三つ目は東欧の交易圏で、アルハンゲリスクからバルト海沿岸地域にまで延伸する交易圏。この交易回廊ではギーラーンからアストラハンまでは三〇日、アストラハンからモスクワまでは四五日、モスクワからサンクトペテルブルクまでは二〇日（通例、荷車による夏のルートよりもソリを使う冬のルートの方が速かった）の日数を要した。[*23]

一七世紀初頭から一八世紀まで、これらの交易回廊にはまだロシアもオスマン帝国も直接介入してはいなかったから、いわばアルメニア商人の独擅《どくせんじょう》場であった。だからこれらの商都では領主の許可さえ得られれば自由に商いを行うことができたのである。

通説では、これらの交易圏の商品はもっぱらイランの絹とロシア・北欧の毛皮や銀であったと考えられていたが、実際にはアルメニア商人の商いはもっと多様で、カスピ海の魚やキャビアも彼らの手で運ばれていた。これらは、ロシア全域からイタリアに至る広い範囲で需要があった。[*24]

東のアルメニアン交易回廊

新ジュルファを拠点とするアルメニア商人の活動は南アジアにも広がっていった。彼らは新ジュルファからイラン高原～アフガン高地～カーブルを経由してインダス川を渡り、インドの中原地帯、つまりガンジス川流域まで進出した。

ガンジス川流域には東西三〇〇〇キロメートルに及ぶヒンドゥスタン平原が広がり、そこにはインドの古代・中世王朝の多くが首都とした都市が点在しているが、アルメニア商人はこれらの都市に着々と足がかりを築いた。やがてムガル帝国の体制の中に食い込み、宰相にまでなったムバーラク・シャーをはじめ、帝国の通訳や外交使節になる者、子女をアクバル帝の王妃とする者も現れた。このようにして、アルメニア人はムガル帝国の庇護・特権を享受しながらこれらの都市に定住していった。[*25]

インドの中原、ヒンドゥスタン平原でアルメニア商人が定住した都市は、ムルタン、ムルシダバード、ミルザプル、アーグラ、ベナレス、ナーグプル、カルカッタ、さらにはチベットのラサにまで及んだ。とはいえ、これらの都市間を結ぶインド中原の交易ネットワークは、アルメニア商人が初めて開拓したものではなく、すでに陸づたいでベンガルに至ったグジャラート商人たちの拠点を結ぶ交易ルートであった。[*26] つまり、アルメニア商人はグジャラート商人たちとの交易関係を維持しながら、彼らの築いた交易ネットワークをうまく利用してインドでの交易を拡大していったのではないかと考えられる。

なぜアルメニア商人の広域交易は可能だったのか

これまでに述べたように、アルメニア商人たちは一六世紀までは旧ジュルファを拠点に、またアッバース一世による強制移住の後には、新ジュルファを基幹都市として、ユーラシアの各地に広域の交易活動を展開した。

では、小民族であったアルメニア人のそうした活動がいったいなぜ可能だったのか。それには当時のコーカサス地方をめぐる覇権争いという政治状況と、アルメニア人の置かれていた民族的な立ち位置とが大きく作用していたと考えられる。

強力な専制的支配者が並立する政治状況は不安定であり、一見交易には不利と思える。だが、弱者としてのアルメニア商人にとっては好都合でもあったのだ。まずは支配者であった専制帝国の側から見てみよう。

一六〜一七世紀のユーラシア内陸には強力な専制支配者たちが割拠していた。例えば、イランのサファヴィー朝中興の祖である第五代アッバース一世（在一五八七〜一六二九年）、モスクワ大公国のイヴァン四世（イワン雷帝、在一五三三〜一五八四年）、インド・ムガル帝国の隆盛をもたらした第三代アクバル帝（在一五五六〜一六〇五年）、そしてオスマン帝国の第一〇代スレイマン一世（在一五二〇〜一五六六年）である。彼らはいずれもユーラシア内陸の覇権を狙う軍事侵略者であったが、同時に自国の富国強兵を目指し、国際的な交易による国庫拡充を求める明敏な経世家でもあった。そうした点で彼らは単なる武勇の闘将ではなく、共通して「近世的な経営専制支配者」であったといえよう。彼らにとっては、小民族のアルメニア人は彼らを脅かす存在ではなく、むしろアルメニア商人は国家の経済を潤す貴重な人材とみなされていた。

他方、こうした混沌《こんとん》とした政治状況は、弱者・亡国の民のアルメニア人の側からはどう見えていたか。

ウサギの目と耳と脚

一六一九年、アッバース一世はイラン名産の絹を国王の専売制とし、その購入を入札制にした。アルメニア商人はイギリス東インド会社の商人やスペイン系のカルメル修道会士などに競り勝ち、絹の独占的な購入権を得た。一六三〇年代には、アッバース一世の後継者、サフィー一世（在一六二九～一六四二年）によって専売制が廃止された後も、カスピ海周辺の絹の産地に強い影響力を持つグラムと呼ばれる、アルメニア人を出自とする下級役人の力を得て、絹の独占権を確保していた。[*27]

アルメニア商人は旧ジュルファ時代からユーラシア内陸各地に駐在していたから、現地事情に精通していた。そうしたこともあって、彼らのうち有力な二人の商人が、アッバース一世の個人使節として一六〇六～一六〇七年、一六一〇年の少なくとも二度にわたって、オスマン帝国に対抗する諸勢力との条約締結に向けた協議のために、ヴェニス、ローマ、フィレンツェ、マドリードなどに派遣された。[*28]

一方、強大なオスマン帝国では、アルメニア商人は帝国の臣民に準じる地位を得てイスタンブルやイズミルでの定留と商業の特権を与えられていた。モスクワ大公国やその後に続くロマノフ朝では、国を越えた通行が許可されたほか、通行税、国内取引での関税が減免されていた。またムガル帝国ではアクバル帝のもとで、ヒンドゥスタン平原の主要な都市での商業の権利を認められ、宮廷官僚や帝国の名代として外交に従事することを求められた。

これまで繰り返し述べてきたように、アルメニア人は大国間の競合と戦争の中で否応なく亡国の民、弱者とされた。移住先の地ではよそ者、異端者とみなされた。そうした立ち位置は、専制的な支配者にとっては強力な対抗勢力ではなく、むしろさまざまな能力――多彩な言語能力、情報収集力、商才、交渉力、ネットワークなど――を備える人材であり、専制者の「代理人」として活用しうる社会集団とみなされた。社会学者のコウザーは、ジュルファのアルメニア人はサファヴィー朝にとっては「理想的な権力の奉仕人」であるとして、ハプスブルク家に仕える「宮廷のユダヤ人」になぞらえており[*29]、また、ロシア人の歴史学者スレッキンは「流浪の従僕《サーヴィス・ノマド》」と呼んでいる。[*30] しかし権力に奉仕する才覚と、情報を鋭敏にキャッチし俊敏に対応する「ウサギのような鋭い目と長い耳と迅速なフットワーク」は、彼らアルメニア人が弱者として生き抜く不可欠の資質であったと考えられよう。

帝国間の覇権争い

トルコ、イラン、ロシア、インドの専制支配者が亡くなった一七世紀から、領土・覇権をめぐる思惑が絡み合った熾烈《しれつ》な戦争がこれらの帝国の間で激化していった。

アルメニア人の故地であるコーカサス地方を挟んで、その東西に位置したロシア、インドとイラン、トルコ、ポルトガル、それにイギリスのヨーロッパ帝国勢力も介在して対立が頻発した。この時代の政治状況は極めて複雑であるが、かいつまんで説明しておきたい。

ロシアの「南下政策」は一七世紀末には本格化する。それは地中海への出口となるバルカン半島の不凍港を確保することを目的とする動きであり、必然的にこの地に勢力を持つトルコ・イランとの激しい対立を生じさせた。黒海からバルカン半島にかけて進出したロシアは、トルコとの間に少なくとも三度の「ロシア・トルコ戦争」（一六七六～一六八一年、一六八六～一七〇〇年、一七六八～一七七六年）を引き起こした。

また、カスピ海沿岸地域の領有を意図して、イランのサファヴィー朝、その後のカージャール朝と対立し、「ロシア・ペルシャ戦争」（一六五一～一六五三年、一七二二～一七二三年、一七九六年、一八〇四～一八一三年、一八二六～一八二八年）が勃発した。

ムガル帝国はシャー・ジャハーンの治世下、中央アジア遠征によって故地回復を図ったが、一七世紀半ばのサファヴィー朝との戦争によって撃退され、結局アフガンから撤退せざるを得なかった。

トルコとイランとの間には、イラクの領有をめぐって、少なくとも二回の「オスマン・ペルシャ戦争」（一七七五～一七七六年、一八二一～一八二三年）が起こり、その後、両大国の対立・戦争状態は続くことになる。

このように、ユーラシアでの帝国間の戦争と混乱が続く間にも、イギリスは中央アジアルートでの覇権の拡大を狙ってイランやトルコとの間で新たな紛争を生じさせた。

ユーラシア内陸交易の衰退

一六世紀から一七世紀にかけての一〇〇年間は、ユーラシアの各地で緊張関係と戦争が続いた時代である。しかし、それらの戦争は概してユーラシア内陸部の局地戦であり、広域巡回商人であるアルメニア人は、帝国勢力間の対立の間隙を縫って交易を持続できた。しかし、右に述べた覇権をめぐる戦争はやがてユーラシア内陸全体に広がり、アルメニア商人の交易圏をもろに痛撃することになった。

ユーラシア内陸の交易回廊は分断され、その要衝にあった各地の中継都市は交易の機能を失った。フンドゥクなどの隊商宿はすたれ、新ジュルファは情報と商品と人を統括する中枢機能を次第に失っていった。アルメニア商人が数世紀にわたって築いてきた交易のシステムが機能しなくなったのである。戦争は「均衡のユーラシア」を「混沌のユーラシア」へと変貌させた。ユーラシアの諸帝国はもはやアルメニア人にとっての「保護国家《パトロン・ステート》」の役割を果たせなくなったのである。

もっとも、こうした政治状況の変動だけが、アルメニア商人の活動に影響を及ぼしたわけではない。彼らの交易商品やそれらを運搬する手段の変化、いわば「商業・ロジスティック革命」も、彼らの活動を変容させる大きな要因であったといえる。

すでに述べたように、アルメニア商人による広域巡回交易はルートによって内容は異なるが、主として毛皮と銀、絹と銀、香辛料と銀の交換交易であり、そのほかにはキャビアや綿布や雑貨などが扱われた。しかし、一八～一九世紀以降の国際的な交易は、ユーラシア内陸の毛皮、絹、香辛料から、東アジア・東南アジアの茶、アヘン、砂金、アンチモンの輸入や、中国人苦力《クーリー》やインド移民労働者の輸送に変わってゆき、銀はイタリアやフランス、オランダなどの西ヨーロッパではなく、中国に向かって流出していった。また、運搬手段も、それまで用いていた馬やラクダ、平底舟、荷車、人力といった効率の悪いものではなく、大量の商品を、より短期間に長距離を効率的に安全に運べる船舶による海上輸送が主流になっていった。[*31]

註

＊1　アルメニアの民族・歴史・社会・文化の概説については、以下の一般書を挙げておきたい。

「特集　アルメニア」『地理』第四五巻第五号、二〇〇〇年

北川誠一、前田弘毅、廣瀬陽子、吉村貴之編著『コーカサスを知るための60章』明石書店、二〇〇六年

チャールズ・キング著、前田弘毅監訳、居阪僚子ほか訳『黒海の歴史——ユーラシア地政学の要諦における文明世界』明石書店、二〇一七年

小島剛一『トルコのもう一つの顔』中公新書、一九九一年

佐藤信夫『新アルメニア史、人類の再生と滅亡の地』泰流社、一九八九年

中島偉晴、メラニア・バグダサリヤン編著『アルメニアを知るための65章』明石書店、二〇〇九年

藤野幸雄『悲劇のアルメニア』新潮社、一九九一年

吉村貴之『アルメニア近現代史——民族自決の果てに』ユーラシア・ブックレット〈No.142〉、東洋書店、二〇〇九年

＊2　『ヘロドトス　歴史』（上・中・下、松平千秋訳、岩波文庫、一九七一～一九七二年）、『プルタルク英雄伝』（第七・八・一二巻、河野与一訳、岩波文庫、一九五五～一九五六年）、テオドール・モムゼン著、長谷川博隆訳『ローマの歴史Ⅳ　カエサルの時代』（名古屋大学出版会、二〇〇七年）などに記述がある。また概説としては『アルメニアを知るための65章』第六・七・八章を参照。

＊3　ブルヌティアン、二八頁

＊4　Walker, Christopher J., *Armenia: The Survival of a Nation*, St. Martin's Press, 1980, p.12

＊5　一七世紀にはイギリス東インド会社の傭兵となる者もいた（重松伸司「17~18世紀初頭のインドにおけるアルメニア商人とイギリス東インド会社――『1688年協約』をめぐって」、守川知子編著『移動と交流の近世アジア史』北海道大学出版会、二〇一六年）。

＊6　イマヌエル・カント「実用的見地における人間学」一七九八年、渋谷治美・高橋克也訳『カント全集15　人間学』岩波書店、二〇〇三年、三〇九頁

＊7　Cohen, Abner, Cultural Strategies in the Organization of Trading Diasporas, in Meillassoux, Claude (ed.), *The Development of Indigenous trade and Markets in West Africa*, Oxford University Press, 1971

＊8　フィリップ・D・カーティン著、田村愛理・中堂幸政・山影進訳『異文化間交易の世界史』NTT出版、二〇〇二年。原著：Curtin, Philip D, *Cross-Cultural Trade in World History*, Cambridge University Press, 1984

＊9　アルメニア人のジェノサイドについては、松村・矢野、第一章、中島偉晴『アルメニア人ジェノサイド――民族4000年の歴史と文化』明石書店、二〇〇七年、加藤九祚『西域・シベリア――タイガと草原の世界』中公文庫、一九九一年、「カフカス　二　アルメニア人の悲劇」を参照。

＊10　ハチュカルの図像とコンパクトな解説は、ゲヴォルグ・オルベイアン著、久保正敏訳「国際関係の十字路　そして十字架の国アルメニア［1］聖なる国アルメニア」『季刊民族学』第一五七号、

二〇一六年を参照。

*11 Aslanian, Sebouh David, *From the Indian Ocean to the Mediterranean: The Global Trade Networks of Armenian Merchants from New Julfa*, University of California Press, 2011, p.25

*12 Aslanian, p.34

*13 ブルヌティアン、二一〇頁

*14 Aslanian, pp. 42-43

*15 Aslanian, pp. 37, 40-41

*16 カーティン、二六三頁

*17 フェルナン・ブローデル著、浜名優美訳『地中海Ⅲ——集団の運命と全体の動き2〈普及版〉』藤原書店、二〇〇四年、一二二頁

*18 Aslanian, pp.120-125

*19 Raveux, Olivier, Between Intercontinental Community Network and Local Integration: The Colony of the Armenian Merchants from New Julfa (Isfahan) in Marseille, 1669-1695, in *Revue d'histoire Moderene et Contemporaine* vol.59, no.1, 2012, pp.83-102

*20 カーティンはエジプトにおけるフンドゥクの隔離・監視機能について述べている（カーティン、一六七〜一六八頁）。

*21 Seth, Mesrovb Jacob, *Armenians in India : from the Earliest Times to the Present*, 1992 (reprinted by Asian Educational Service, originally 1895), p.613

*22　Bakhchinyan, Artsvi, The Activity of Armenian Merchants in International Trade, in Yamane, So, Nagakawa, Norihiro(eds.), *Regional Routes, Regional Roots?: Cross-Border Patterns of Human Mobility in Eurasia*, Slavic Research Center, Hokkaido University, 2014, pp.23-29

*23　カーティン、二六三頁

*24　カーティン、二六三頁

*25　重松、二〇一六年、二三八頁

*26　カーティン、二四一頁

*27　Ghulam、アラビア語由来の用語で従僕を意味した。

*28　Aslanian, p.38

*29　Coser, Lewis A., The Political Functions of Eunuchism, in *American Sociological Review*, vol. 29, no.6, pp.880-885, 1964, in Aslanian, p.41-42

*30　Aslanian, p.1

*31　重松伸司『マラッカ海峡物語——ペナン島に見る多民族共生の歴史』集英社新書、二〇一九年、二〇四～二〇七頁

第2章　陸と海のインド交易回廊

　ユーラシアにおける大国間の相次ぐ争いは、アルメニア商人が営々と開拓してきた内陸の交易回廊を戦場とした。イスファハンの新ジュルファは直接的な侵略を免れたとはいえ、かつてのようにユーラシア各地の巡回交易を統括する中核都市《ピヴォタル・センター》としての機能は衰退した。こうして、アルメニア商人のネットワークによる巡回交易は次第に困難となった。

　しかし、困難な状況は主として第一と第二のルートであるトルコ・地中海・西ヨーロッパ交易路とロシア・北欧交易路とで発生したのであった。第三のルート、イラン高原からアフガン高地を経てカーブルに至り、そこからインドの中部・北部に入り込む西アジアから南アジアへの東西交易路は、依然として一八世紀はじめまでは活発であった。その状況はアルメニア人の広域巡回商人による次の記録からうかがえる。

ホヴァンネスのインド交易路

『異文化間交易の世界史』をもとに作成

ホヴァンネスのインド交易路

アルメニア商人ホヴァンネス（アルメニア名ホヴァニアン、ホヴァネシヤン）はおよそ一〇年にわたるインド巡回交易の記録（一六八二〜一六九三年）を残している。彼は新ジュルファの元締め商人との契約によってインド各地に定留しながら旅商を続けた。この旅程によれば、デリーまたはスーラトを起点にして、アーグラ、パトナへ。パトナから北上してネパールのカトマンドゥ、さらにチベットのラサを経て西寧（現・中国青海省省都）に達している。ここに滞在した後南下してパトナに戻り、そこからカルカッタに向かった。

一六八六年の交易では、投資した九三七〇ルピー分を宝石とインドの織物に換え、武装した二人の使用人を雇ってアーグラを出発し、パトナを経由してネパールに向かい、カトマンドゥ近辺で三カ月ばかり商いをした後に、九月末にラサに到着している。一六九三年には中国産の麝香《じゃこう》四八三キログラムと金五キログラム、磁器などを購入してチベットを離れたという。[*1]

一五世紀から一八世紀にはすでに、アルメニア商人は「鞘どり交易《アービトレイジ》」と呼ばれる独特な交易を行っていた。[*2] それは移動先の各地で特産品を購入しては、利が見込まれる別の移動地で売却するという商法であり、ポルトガルやイギリスなどが行っていたような、大商船によって胡椒《こしょう》や茶、砂糖やコーヒー、カカオなどの単一商品を大量に購入し、ヨーロッパへ持ち帰って売りさばくという「単品・大規模・長距離交易」ではなかった。

ムガル帝国の第五代シャー・ジャハーン帝の死後、すでに国勢が傾きかけていた第六代アウラングゼーブ帝統治下のアーグラにもホヴァンネスは滞在していた。彼の記録によれば、このインドの交易都市にもすでにアルメニア教会があり、[*3] アルメニア人司祭が常駐しており、さらにまた、チベットのラサにもアルメニア人が定住していたという。

こうした記録から、南アジアの北部から中国にかけての都市は、アルメニア人の一時的な滞在地ではなく、すでに定住地として利用されていたことがうかがえる。

コスタンドの交易録

ホヴァンネスとほぼ同時期にもう一人のアルメニア商人、通称コスタンド（コンスタンド・ジュガイエツィ、?～一七〇二年）がいた。

コスタンドという人物についての詳細は不明だが、かつて内陸巡回交易に従事した練達の商人であり、新ジュルファに戻ってからは「救世主修道院」の一隅に商人塾を開き、国外での長距離巡回交易に携わる商人を養成し、一六八〇年代には三〇〇人もの塾生を教えたという。彼が記した「商業要諦書《トレード・コンペンディアム》」は巡回交易に関するさまざまな掟《おきて》や慣行、商品の度量衡や換算率、交易ルートなどを記しており、[*4]それは商人塾の教科書として使われただけでなく、その後のアルメニア商人の「商いの手引き」として重宝されたという。[*5]

この手引きにはアルメニア商人がインド各地で巡回していた交易ルートや地名も記されている。記された地名は四〇を数える。その中で現在の地名から筆者が同定できた都市は、北西インドのペシャーワル、スリナガル、ラホール、ムルターン、シルヒンドの五都市、インド中部内陸のブルハンプル、アウランガバード、ハイデラバードの三都市、デリーからダッカに至るガンジス川流域沿いの一二都市、沿岸部はスーラト、ボンベイ、マドラス、マスリパタムの四都市であった。このことから、一七世紀末までのアルメニア商人のインド交易はもっぱらイン

アルメニア商人の交易都市(17世紀末)

コスタンドの記録から

ド北・中部、特にヒンドゥスタン平原の主要都市に集中して行われていたと考えられる。[*6]

では、インド北部一帯の交易回廊にアルメニア商人がやってきて定住したのは、いったいいつ頃からだろうか。この点に関しては近世・近代インドのアルメニア人に関する史料は少なく、これまでのところ定説はない。英語版『古今インドのアルメニア人』[*7]がこれまでのところ唯一の史料である。以下は主としてこの史料にもとづいて述べる。

ラホールのアルメニア商人たち

ラホールはムガル朝の夏の宮殿があり、商都としても栄えた。かつてここにはアルメニア人の居住地《コロニー》があったが、一八世紀半ばのアフマド・シャー・ドゥッラーニーの簒奪《さんだつ》によって消滅した。辛うじて残った墓石の一基の刻文が一六〇一年のものと判読できる。[*8]この年代から、アッバース一世による新ジュルファへの強制移住以前から、アルメニア人はすでにこの地に到来していたと考えられる。

その史実はイエズス会神父の布教文書やアルメニア教会に残るアルメニア人の墓碑からも、断片的ではあるがうかがえる。例えば、一六〇四年九月六日付アーグラ発のイエズス会士ジェローム・ザビエル神父の書簡である。

ラホールの貧しいアルメニア人たちはワインの販売を営んでいましたが、当地の〈ムガル〉太守がこの生業を嫌悪していたため、しばしばトラブルに見舞われています。太守の迫害を避けるために、アルメニア人たちにこの商売をやめるようにピネイロが説得したのです。[*9]

また、一六〇九年八月一二日付ラホール発のイエズス会士ピネイロ神父の次の書簡からも、同地のアルメニア人の概況がわかる。

ムガル太守はラホール在住のキリスト教徒たちを皆殺しにすると脅してきました。その時には、二三人ばかりのアルメニア商人たちがいたのですが、彼らはてんでに城門をくぐって逃げ出してしまいました。何という彼らの殉教心のなさ……。[*10]

アーグラのアルメニア人高官

帝都アーグラはタージマハル廟《びょう》で知られる。だが国際都市でもあったアーグラには、一六一一年建設の北インド最古のキリスト教の大聖廟がある。ここに葬られた一六一一〜一九二七年のアルメニア人墓碑は総数一一二基を数える。[*11] そのうち七基はアルメニア人司祭の墓碑であり、おそらくは専属司祭が常駐して宗教儀礼を執行できるほどの数のアルメニア人家族が生活していたと考えられる。

またアーグラに定住したアルメニア人の中には、ムガル帝国の高位高官に就く者もいた。その代表として宰相となったムバーラク・シャーについて、少し遠回りになるが、イギリス人船長ウイリアム・ホーキンスの日記から読み解くことにする。[*12]

イギリス国王ジェームズ一世のムガル皇帝宛の親書を携えて、ウイリアム・ホーキンスは帆船ヘクター号でスーラトに到着した。一六〇八年八月二四日である。一六〇九年二月一日にスーラトを出立し四月一六日に帝都アーグラに到着し、ジャハーンギール帝（在一六〇五〜一六二七年）に拝謁した。その後、帝の厚誼《こうぎ》を受けたホーキンスは、アーグラ滞在中に皇帝の命によって宮廷の一女性と結婚する。この女性の父が先代アクバル（在一五五六〜一六〇五年）の恩寵《おんちょう》を受けたアルメニア人宰相ムバーラク・シャーであった。

ジャハーンギール帝はホーキンスに対して、イギリス東インド会社によるスーラトでの商館建設の勅許を出した。だが、当時スーラトでの交易権を独占していたポルトガル太守の強固な反対によって勅許は認められなかった。失意のホーキンスは一六一一年一一月二日にイギリスへの帰国の途につき、船上で亡くなる。

ムバーラクはアルメニアの人名ではなく、ムガル帝国での呼称であろう。この人物の出自やアーグラ到来の経緯、アクバル帝との関係は定かではない。だが、すでに一六世紀のムガル帝国で高位高官に上り詰めたアルメニア人もいたことがわかる。またアルメニア人宰相の助力によるものかどうかは明らかではないが、一七世紀前半からアルメニア商人は積極的にスーラトに進出することになる。

スーラトのアルメニア人司祭

古代からの国際商港スーラトにもやはり多くの外国人が到来し定住した。しかし、アルメニア人に関する記録はインドのほかの都市に比べても意外に少なく、その理由は不明である。数少ない史料の一つに、アルメニア人司祭の妻に関するものがある。イギリス人墓地とオランダ人墓地に隣接してアルメニア人墓地があり[*13]、そこに一人の女性が眠る。その墓碑は次のように語っている。

この墓地に眠りたるはマリナスなる女性、司祭ウォスカンの妻なり。ソロモンの教え通り夫ウォスカンの花冠たりし。アルメニア暦一〇二八年（西暦一五七九年）一一月一五日昇天す[*14]。

スーラトの西洋人墓地。手前がアルメニア人墓廟と墓地

この短い墓碑銘から、遅くとも一五七〇年代までには、すでにアルメニア人が住んでおり、司祭による宗教儀礼を受けていたと考えられる。

アルメニア商人の海洋進出は早かった

ところで、当時、アルメニア人たちはもっぱら陸路を移動し定住していたのだろうか、海路での移動はなかったのか。盗賊の襲撃など陸路のトラブルを避け、輸送量が多く、長距離輸送も可能な点で海上ルートは有利であった。実際、一七世紀よりはるか以前にアルメニア商人は海に出ていたのである。

西アジア・インド洋の離散アルメニア商人について、アルメニア史家アスラニ

アンは、ケヴォニアンの先行研究[*15]にもとづいて、すでに一二世紀頃にアルメニア商人がインド、マレー諸島、南シナ海の航海記録を残していたと論じている。[*16]時代はかなり下るが、ポルトガル人のトメ・ピレスも一六世紀初期にアルメニア商人がグジャラートからマラッカへ到来し、交易の後、モルディヴ諸島に寄港したと記している。[*17]またオランダ人のリンスホーテンは、ポルトガルが一五一五年に支配したホルムズには、一五八〇年代にはすでに少数のアルメニア人がペルシャ、トルコ、ヴェニスの人びととともに滞在していたと記録している。[*18]他方、南インドのマドラス南郊のサントメには、ポルトガル人の来航以前からアルメニア人が滞在しており、ポルトガル領となってからも、サントメ、さらに南の港市ポルト・ノヴォやネガパタムにもアルメニア人が何度か来航していたのである。[*19]

インド～東南アジアの航海ルート

アルメニア商人が本格的に外洋進出に乗り出したのは一六二二年であった。この年、それまでポルトガルが支配していたホルムズをサファヴィー朝が奪還した。これを機にアルメニア商人は陸路から海路へと交易ルートを広げ始めた。

新ジュルファのアルメニア商人は、陸路を南下してペルシャ湾入り口のバスラを目指し、そこから自前の船や傭船《ようせん》によってペルシャ湾を横断、ホルムズ海峡を抜けてアラビア海に出て、インドのスーラトを目指した。モンスーンの状況次第だが一航海には往復二年を要したから、インドの各港市に長期滞在する者も多く、やがて定住する者も現れた。

スーラトはすでにアルメニア人によるインド交易の拠点となっており、そこからアラビア海に面したマラバール沿岸を南下してセイロン島を経由し、ベンガル湾側に入ってマドラスに至るルートができていた。[*20]

マドラスはベンガル湾からマラッカ海峡および南シナ海へと続く交易ルートの要であり、さらにマラッカ、ペナン、マニラの港市へとつながっていた。

マドラスは一六三九年にイギリス東インド会社のフランシス・デイが在地の領主《ナーヤカ》から租借するまでは単なる一漁村にすぎず、交易地としての役割は全く果たしていなかった。しかし、マドラスの北三〇キロに位置するプリカットやマドラス南郊のサントメは、この頃にはすでにポルトガル商船も往来する国際港市であった。[*21]

プリカットとサントメにアルメニア人がいたことは、一六世紀の半ばにインドに滞在したポルトガル人ガスパル・コレイアの残したサントメに関する記録から読み取れる。一五一七年にマラッカから到来した二人のポルトガル人が、プリカットのアルメニア商人から、聖トーマスの建屋について聞き及んだ、という記録である。[*22] イギリスが本格的にマドラスに商館を建設するよりも一世紀も早くアルメニア人がいたと考えられるのだ。

アルメニア人がイランの新ジュルファからマドラスへ、そしてさらにマニラまでどのようにやってきたのか、その足取りをたどってみたい。

ザファル青年が語る旅の記録

一七三四年、マニラ滞在中の新ジュルファ出身の一青年が、スペインの「異端審問所」で陳述した記録は、アルメニア人の足取りを知る一つの貴重な史料である。

ザファル・ディ・ハビエルは、イスファハンの新ジュルファ近郊の生まれ。一五歳過ぎまで（異端である）アルメニア教徒の両親のもとで育ち、同郷の名家の娘ママカチュンと結婚。一六歳になるや父ナザル・アガマルの後を追ってバスラへと旅立った。かの地にひと月ほど滞在したが、父が見つからず、さらにポンディシェリ（南インド、マドラス近郊の港市）へと向かい、同地でアルメニア人の同胞エリアス・イサクなる者の元に一一カ月のあいだ身を寄せ、この間に訪ねたマドラスでついに父と再会した。マドラスでは一五日間滞在した後、父に随伴してマニラへと到来した。マニラでは父とともに七カ月を過ごした。

彼はアルメニア語の読み書き以外には何の技術も知識もなかったが、マニラに来てからスペイン語でキリスト教の教義を学び、やがて貿易を志すようになった。

アスラニアンは、ザファルの陳述書を引用してこうした事例は新ジュルファのアルメニア人には多く見られたと述べている。多くの場合、彼らはマドラスからマニラへの航海の途次に、バタヴィアやバンタムあるいは広東《カントン》に寄港して各地の商品を買ってマニラで売るという交易を行っており、そうした航海は数年から一〇年、時には二〇年にも及ぶことがあったという。[*23]

陸と海を結ぶ鞘どり交易

アルメニア商人によるインド〜マニラ間の交易品の主なものは、イラン産やインド産の絹、マラッカや広東で入手した中国産品、バタヴィアで購入したセイロン産のシナモンなどで、それらはマニラでメキシコのアカプルコからもたらされたスペイン銀と交換された。[*24]

このようなマニラを中継点とする交換交易(「マニラ交易」と呼ばれた)は、必ずしもスペインの商船だけが独占していたわけではなく、アルメニア商人も自ら行っていたと考えられる。

新ジュルファ出身のアルメニア商人ナザル・アガマルによる一七三五年の異端審問所での陳述によれば、彼は一七歳で新ジュルファを発《た》ってモスクワに向かい、約三年間滞在した後オランダへ、オランダからドイツのケルンへ、ケルンからヴェニス、ヴェニスからリヴォルノ、リヴォルノからトルコのイズミル、イズミルからイスファハンへ。約三年間イスファハンに滞在した後マドラスに到着した時にはすでに二三歳を超えていた。マドラスからさらにバタヴィア、マニラへ向かってメキシコのアカプルコ行きの船に乗ったのは二六歳の時であった[*25]。

この陳述書を読む限り、一八世紀の前半には、ユーラシア内陸の二つの交易路は依然として機能していたようだ。しかも、アルメニア商人の交易範囲はさらにインド、東南アジアへ、そしてさらにはスペイン領メキシコまで広がっていたことがわかる。しかもその交易が単身の、あるいは少人数のアルメニア青年の長期にわたる航海によるものであったことは驚くべきことである。

註

＊1　カーティン、二六五〜二六八頁

＊2　近世日本の沿海交易では北前船による「買い積み」商法が行われた（中西聡『海の富豪の資本主義——北前船と日本の産業化』名古屋大学出版会、二〇〇九年。筆者はその実態を知るため、ほぼ二年かけて小樽から出発して日本海、瀬戸内沿岸の諸港をたどってきた）。インド近世経済史家のチョードリは、この鞘どり交易をアルメニア商人の独特な交易であると注目している（Chaudhuri, K. N., *The Trading World of Asia and the English East India Company,1660-1760*, Cambridge University Press, 1978）。

＊3　アクバル帝の許可を得て、アルメニア人女医のジュリアナによって、一五六二年にインド最初のアルメニア教会が建設されたという（Seth, p.2）。しかし教会の存在については今のところ現地調査やほかの資料によっても未確認である。

＊4　Aslanian, pp.136-137

＊5　Ganjalyan, Tamara, *Armenian trade networks*, European History Online, 2019; Seth, pp.613-614

＊6　重松、二〇一四年

＊7　著者のメスロプ・J・セト（一八七一～一九三九年）はカルカッタに定住していたアルメニア人教師で、インド各地の教会史料や墓碑・碑文、勅書・商館文書などを収集している。それらにはペルシャ語やアルメニア語の抜粋史料や英語訳も含まれており、史料の精度には問題もあるが、インドにおけるアルメニア人に関する史料集としては今までのところ唯一のものと考えられる。

＊8　Seth, p.202

＊9　Seth, p.201; 重松、二〇一六年、二三六頁

＊10　Seth, p.201; 重松、二〇一六年、二三六頁

＊11　Seth, pp.122-133

＊12　Seth, pp.96-101

＊13　Commissariat, M.S., *History of Gujarat*, vol.3, 1980, p.512

＊14　Seth, p.225

*15 Kévonian, Kéram, Un itinéraire arménien de la Mer de Chine, In Guillot, Claude (ed.), *Histoire de Barus(Sumatra): le site de Lobe Tua I: Études et Documents*, Association Archipel, 1998

*16 Aslanian, p.46

*17 生田滋・池上岑夫・加藤栄一・長岡新治郎訳『トメ・ピレス東方諸国記』岩波書店、一九六六年

*18 岩生成一・渋沢元則・中村孝志訳『リンスホーテン東方案内記』岩波書店、一九六八年

*19 Aslanian, p.48

*20 Aslanian, p.48

*21 重松伸司『マドラス物語――海道のインド文化誌』中公新書、一九九三年

*22 Bhattacharya, Bhaswati, Armenian European Relationship in India, 1500-1800: No Armenian Foundation for European Empire?, in *Journal of the Economic and Social History of the Orient*, vol.48, no.2, 2005; 重松、二〇一六年、二四〇～二四一頁（原典は *Vestige of Old Madras*, vol.1, 1913, pp.187-189）

*23 Aslanian, p.61

*24 Aslanian, p.59

*25 Aslanian, p.62

第3章　アルメニア商人とイギリス東インド会社

イギリスと手を結ぶ

ホヴァンネスやコスタンドがインドの北部で交易活動を行っていたのとほぼ同時期に、ロンドンのイギリス東インド会社本社では、イスファハン出身のアルメニア人の有力商人とイギリス東インド会社幹部との間にある協約が結ばれた。[*1] その協約にはさまざまな思惑と目的が内包されており、両者の間には虚々実々の駆け引き《ディール》が行われた。一八世紀に入ると、この協約はアジアにおける両者の関係を決定づけたのだが、ではいったいどのような内容であったのか、まず概要を述べておきたい。

一六八八年協約

一六八八年六月二二日、ロンドンのイギリス東インド会社（以下、ＥＩＣと略称）本社で、

「交易協約《トレード・アグリーメント》」が締結された。ここでは、簡略に「一六八八年協約」と呼ぶことにする。

協約は、当時ロンドンに滞在していた、イスファハン出身の有力なアルメニア商人のホージャ・パノス・カラーンタルという人物と[*2]、EIC総裁ベンジャミン・バサースト、副総裁ジョサイア・チャイルドおよび三名の本社評議員との間に交わされたもので、一通の「主協約書」と二通の「副協約書」とで構成されていた。

主要な項目は主協約書に盛られており、副協約書1には、「ザクロ石の独占的な交易の権利を無償でアルメニア商人に与えること」[*3]、副協約書2には「四〇人余のアルメニア人がEICの有するすべての要塞の住民となること」を認め、「アルメニア人の信仰の自由を保障し、アルメニア教会の建設を認める」という内容[*4]が記されていた。

主協約書の内容は、インドにおけるEIC支配地でのアルメニア人の身分・地位・権利、交易品目・輸送手段・関税、アルメニア人の航海地・航海条件など六項目に及び、それぞれの項目についてさらに事細かに明記されている。

内陸ルートから海上ルートへ

まず主協約書の「頭書」全文を紹介しよう。主協約書の主旨はこの後も二五〇年にわたってアルメニア人とイギリス国家との関係を決定づけることとなった。

我がＥＩＣの副総裁ジョサイア・チャイルド准男爵閣下とアルメニア人の卓越した商人であり、ペルシャはイスファハンの住人ホージャ・パノス・カラーンタルおよびロンドンのナイト、ジョン・シャルダン閣下との間に行われてきた長きにわたる協議の結果、パノスとシャルダンの両名はアルメニア人を代表して、我が副総裁に対してインド、ペルシャ、さらにはイギリスを経由するヨーロッパ向け交易について、アルメニア人が一手に担ってきたその詳細を明らかにしてきた。もしアルメニア人が我が社から（交易の）特許を得て、その結果としてアルメニア人が（築いてきた）ヨーロッパとの長期にわたる交易路を変更する意向を強く示すならば、それは我が顧客の利益のみならず、イギリス海運の隆盛にも大きく貢献することになろう。我が王国の公的な貿易、我が海運の増大と促進とを常に切望するがゆえに、本事案に関するあらゆる条件について、真剣に討議した結果、我々は以下の如く同意しかつ決議すべきと考えるに至った。

（傍線は筆者による）

ここで登場するジョン・シャルダン[*5]とはフランス出身の冒険商人であり、イギリスで爵位を得ている功労者であった。この協約締結では彼はイギリス側の代弁者として、イギリス側に付きつつも、アルメニア人の利益代表の立場をとっている。彼はアジアにおけるイギリス、フランス、オランダなどの大国間の調整役を担いながら、アジアの秩序をかき回し、再編するという一種の「トリックスター」的な役割を演じていたとも考えられる。

さて、頭書が述べているのは、これまでアルメニア商人が営々と築いてきたユーラシア内陸の交易路を、ＥＩＣが次第に優位になりつつあるアジア海域における海運交易路に変更してほしい、そのためにはあらゆる条件を呑《の》むつもりである……そのようなイギリス側の強い要請であった。ユーラシア内陸での交易が次第に困難となりつつあった状況では、この提案はアルメニア商人側にとっても渡りに船の提案であった。

では具体的にどのような条件であったのか、協約の中身を詳しく検討してみたい。

主協約書の内容

第一に、インド洋で活躍し始めたＥＩＣ商人やイギリスの私貿易商人と対等の権利をアルメニア商人に保障するという提案である。その詳しい内容については、交易品・交易条件・交易ルートなどについて具体的に示されている。

第二に、ＥＩＣが所有する船舶によってインドとの航行を行う自由の保障である。

第三に、すでにＥＩＣの影響下にあるインドの主な要塞・商館・都市でのアルメニア人の居住、土地・家屋の所有・売買、信仰の自由の保障である。

副協約書2では、EICの要塞諸都市でもアルメニア教を信仰する自由を認めている。具体的には、木造教会でなく本格的な石造のアルメニア教会の建設のほかに、アルメニア人司祭の維持費として年間五〇ポンドを七年間にわたってEICが補助することを約定している。

第四に、EICの船舶によるインド、南海（ここではベンガル湾とマラッカ海峡一帯）、中国、マニラへの寄港・交易の自由の保障である。

これらの諸条件によって、アルメニア商人にはEICの商人たちとほぼ同等の権利が認められることとなった。

しかし第五には、交易品や交易条件に関して、次のようなこまごまとした条項を規定している。

① 船荷にかかる運賃については、インド産品、ペルシャ産品（カルマニア産[*6]の赤色羊毛を除く）の場合にはEICを優遇し、アルメニア商人のほかの交易品については（EICの商品と同等とする。

② 奢侈品《しゃし》については、アルメニア商人が取引できる交易品は、EICと同様に宝石、金地金、ダイヤモンド、毛皮、生糸、羊毛、ヴェニス産陶器、サンゴとする。

③ そのほか、アルメニア商人はコーヒー、鉄、水銀、鉛、刀剣、火器、紙、筆記用品、眼鏡、

食器などを商うことができる。

④　関税については、イギリス本国や海外向けの商品の関税は五％をＥＩＣに前払いし、ＥＩＣの港市を通じての（第三国への）再輸出（転売）は認めない。

第六には、従来のアルメニア商人による内陸交易ルートからＥＩＣによる海上交易ルートへの転換を「強制する」意図を含んでいた。すなわち、「従来、アルメニア商人が行ってきたペルシャ・アラビア経由のインド・トルコ間の内陸路交易は、今後はすべて一〇％の船載料を支払って、ＥＩＣの船を利用すること」という規定である。

ＥＩＣの意図は

さて、協約に盛られたさまざまな条件や規定の背景にあったＥＩＣ側の本心は何であったのか。強大なＥＩＣと小集団のアルメニア商人の間では、それぞれの利益をいかに守るかという駆け引きが繰り広げられた。

ＥＩＣが狡猾《こうかつ》だとすれば、アルメニア商人はしたたかであった。その駆け引きはなかなかの見ものである。

これまでアルメニア商人が独占していたユーラシアの内陸交易に、ＥＩＣが新たに食い込むことは難しかった。そこでこの協約によって、アルメニア商人の活動の重点をＥＩＣに有利な海域、アジア、特にインド、南海に引き込もうとしていたと考えられる。

そのために、アジア海域でのアルメニア商人の交易は認めるが、ただしそれはＥＩＣの船舶を利用し、ＥＩＣの支配権の及ぶルートを利用すべし、しかもその船荷はＥＩＣがこれまで敵対してきたオランダやフランスの東インド会社やポルトガルやスペインの商人への転売を認めないという条件付きであった。

実際、協約の締結後、それまでアルメニア商人が享受していた自由交易に対して、ＥＩＣは厳しい批判を加え始めた。

一七二四年のマドラスの商館記録に登場する、アルメニアの有力商人ホージャ・パノス・ペトルス[*7]の事案が典型的である。

マニラ～マドラス間の交易をほぼ独占していたアルメニア商人は、ヨーロッパの商品をオランダ商船に積載したり、アジアの商品をフランス支配下にあったポンディシェリやインドのほかの商港に運び、また、貴石や織物をペルシャやヨーロッパ諸国で交易することがあった。

そうした取引について、ＥＩＣ総裁はホージャ・パノス・ペトルスを非難しているのである。[*8]

アルメニア商人はこれまでオランダ、フランス、ポルトガルとも、イギリスと対等の商売相手として交易を行ってきた。すぐに引き下がるわけにはいかない。だが、アルメニア商人のこうした二股、三股の交易に対してＥＩＣは厳しい対応を迫ってきた。

ＥＩＣはどうしたか。名目は「アルメニア商人によるＥＩＣ船でのインド、南海、中国、マニラへの寄港・交易の自由の保障」としつつも、実際はアルメニア商人が築いてきた信用をＥＩＣがちゃっかりと利用するという策を弄した。それは次のような事例に見られる。

ＥＩＣ、アルメニア商船を利用

ＥＩＣはスペインに遅れて東南アジア交易に参入したのだが、利の大きいマニラ交易については、ただ指をくわえて眺めていたわけではなかった。あの手この手でこの交易に食い込もうとしていた。だが、フィリピンの宗主国スペインはイギリスやフランスの東インド会社を敵視していたから、ＥＩＣ船舶のマニラ入港は当然認めなかった。

一方、アルメニア商人はフランスやオランダだけでなく、スペイン、ポルトガルとも友好関係を持っていたため、マドラス〜マニラ間の「マニラ交易」はアルメニア商船のほぼ独占状態にあった。

ＥＩＣは苦肉の策として、自前の船にアルメニア人船長を雇用したり、アルメニア商人の船舶を傭船したり、あるいはＥＩＣ船舶にアルメニア船旗を掲揚してマニラに入港するという手段で、何とかマニラ交易の利を獲得しようとした。しかし、スペイン側も警戒を強めてＥＩＣ

の船舶を締め出そうとしていた。[*9]

その後一世紀にわたって、アルメニア商人は一方ではEICの商人や冒険商人と競合し、他方ではEIC本社との関係[*10]（後述の交信記録によれば、ロンドンのEIC本社は現地のアルメニア商人に友好的な対応を取っていた）を維持しつつ、さらにイギリスとオランダ、フランスの東インド会社間の敵対的な関係をうまくかいくぐりながら交易を行わなければならなかった。アルメニア商人のしたたかさが問われることになったのだ。

アルメニア商人は、EIC内での複雑な利害関係や国際間の競合の中にあって、EICとは決定的に対立しないで折り合いをつける交易のあり方を模索し始めた。そのことは、一九世紀後半、特に明治時代に入っての日本での居留地交易に顕著に現れる。

内陸都市から海港都市へ

「一六八八年協約」締結の前後から、EICはインドの内陸諸都市から急速に東西の両岸に商館の設立を進めた。それは次のような事実から明らかとなる。

一七世紀の一〇〇年間にEICはインドの各都市に少なくとも三四の商館を設立した。そのうち内陸都市では北インドのアーグラ、パトナ、ブルハンプル、マルダ、ラージャープル[*11]に、海港都市ではインド西岸部（アラビア海側）に一三、インド東岸部（ベンガル湾側）に一六を設

18世紀インドにおける
EICの主な商館とアルメニア商人の交易地

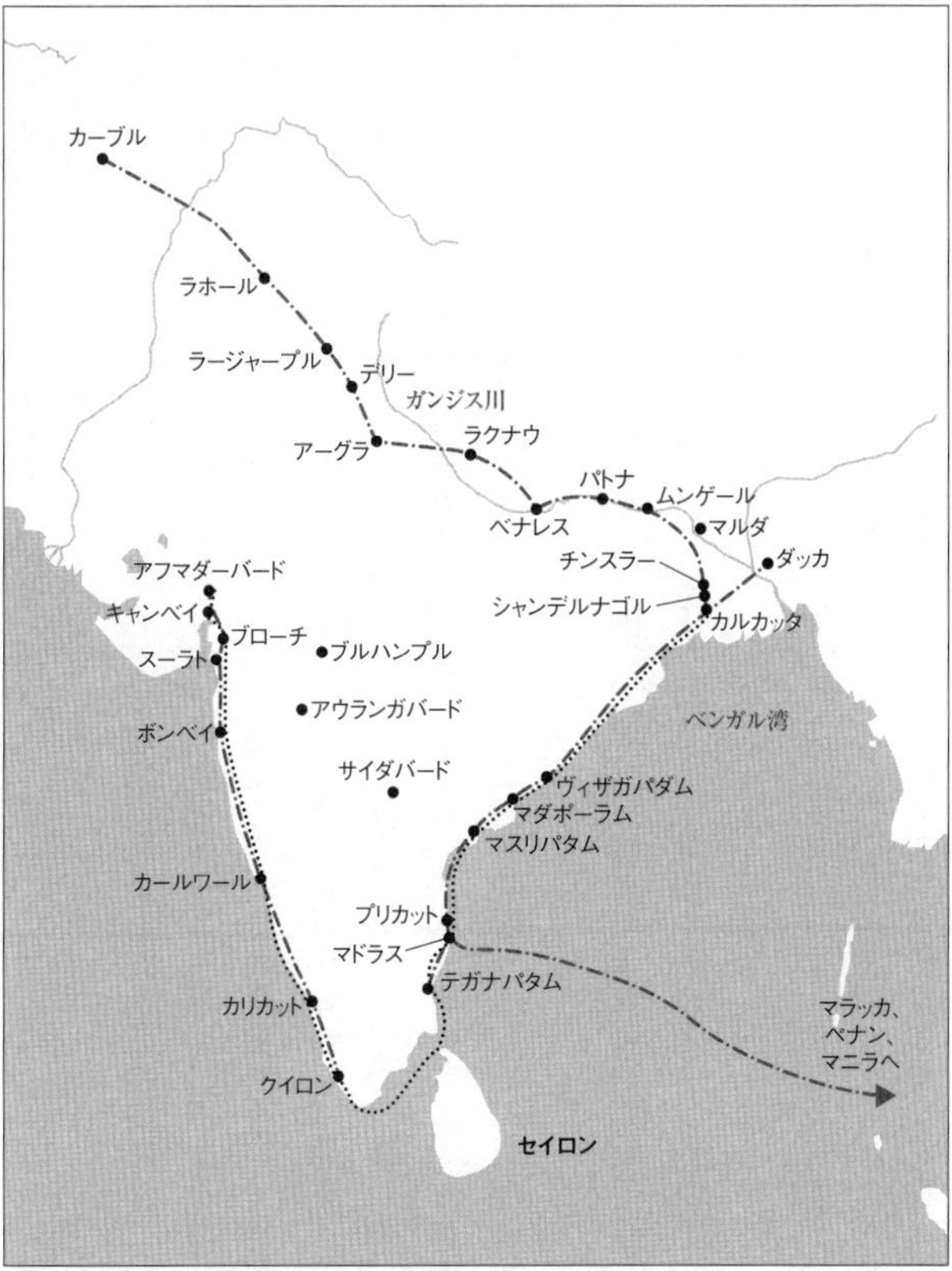

『移動と交流の近世アジア史』をもとに筆者作成

立した。[*12] これらの商館のうち一六六〇〜一六八〇年の間に設立されたものは西岸一三都市のうち九、東岸一六都市のうち一三であった。

ロンドンのＥＩＣ本社と世界各地で活躍するＥＩＣ商人や私貿易商人との間には、各種の商務・政情に関する報告が交わされていた。それらの中で「アルメニア商人に関する商務報告」などの交信記録は一六一七〜一七〇九年の間に二六五通である。[*13] そのうち、インドに関する交信記録が二二五通あり、中でもアルメニア商人とＥＩＣ商人との活動についてはスーラトが圧倒的に多く、西岸七都市の交信記録一八四通のうち一〇四通を占める。また、東岸の一六都市の交信記録五三通のうち三〇通がマドラスの交信記録である。このように、インド両岸都市の中でもとりわけスーラトとマドラスがＥＩＣとアルメニア商人にとっていかに重要な位置を占めていたかがわかる。[*14]

ヒンドゥスタン平原を支配していたムガル帝国は、アウラングゼーブ帝の死後、一八世紀から衰退に向かいつつあった。それとともに、ＥＩＣによる交易の重心はインド内陸部からインド両岸の海港都市にシフトしていったのだ。

アルメニア商人のゴールデン・トライアングル

時代はずっと下るが、一八五〇年一二月三一日、アルメニアの宗教都市エチミアジンのアル

アルメニア教会総司教勅令の主な発令先の都市

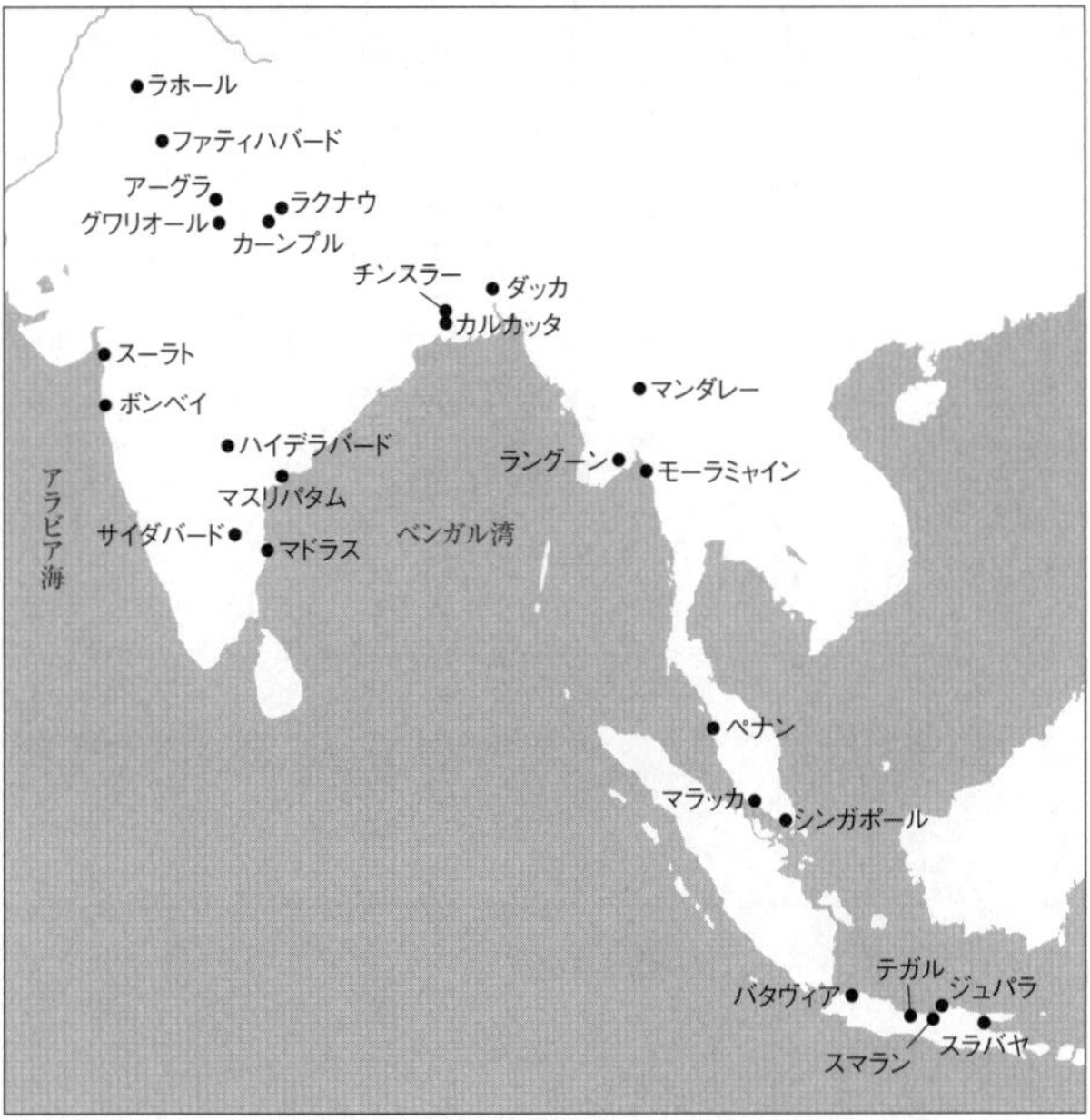

メニア教会の総司教から勅令（ポンティフィカル・ブル）がインド・東南アジアの主な都市に発令された。[*15] その具体的な内容は不明であるが、こうした勅令は通例、アルメニア教会の司教が駐在する主要な都市に対して出されるから、その発令先からどのような地域にアルメニア人が定住していたかがわかる。

この勅令の発令先は、南アジアでは内陸のラホール、ラクナウ、カーンプル、ハイデラバード、アーグラ、グワリオール、ファティハバード、サイダバード、マンダレー、沿岸部ではスーラト、ボンベイ、マドラス、マスリパタム、カルカッタ、ダッカ、チンスラー、ラングーン、モーラミャイン、そのほか、マレー半島のペナン、マラッカ、シンガポール、ジャワ島のバタヴィア（ジャカルタ）、テガル、スマラン、ジュパラ、スラバヤの海港都市が加わっている。

このように、アルメニア商人の拠点は一七〜一九世紀の間に、インド内陸部のヒンドゥスタン平原からインドの沿岸へ、さらにはベンガル湾から南シナ海に至る港市へと移っていった。アルメニア商人の交易の重心はもはや内陸ではなく、海洋に向かっていた。

アラビア海に面した国際港市スーラトは古代から近世にかけて国際商港の要であったが、その重要性は、ポルトガルやオランダの海洋帝国が次第に衰退するとともに低くなり、代わってマドラス、カルカッタ、シンガポールがアルメニア商人の新たな定住地と商業活動の拠点となっていった。

マドラスは、拙著で見たように[*16]インドとマレー半島とを結ぶ交易拠点となり、カルカッタ、シンガポールはインド、中国、日本、ヨーロッパを結ぶ交易の結節点として新たに台頭してきた。近代にはカルカッタ、マドラス、シンガポールの海港都市を結ぶ圏域がアルメニア商人の主たる交易活動の舞台となったのだ。アルメニア商人にとって、この圏域はアジアの「海のゴールデン・トライアングル」であったといえよう。

次章以降では、この圏域でアルメニア商人がどのような経済的・社会的・文化的な活動を行っていたかを明らかにしてみたい。

註

＊1 Baladouni, Vahé and Makepeace, Margaret (eds.), *Armenian Merchants of the Seventeenth and Early Eighteenth Centuries: English East India Company Sources*, American Philosophical Soiciety, 1998; 重松、二〇一六年

＊2 「カラーンタル」はペルシャ語由来の用語。協約書では英語に転化してカレンダー（Calendar）と記されている。アルメニア有力商人の肩書きや称号として用いられ、商人集団の統括者、市長などの役職を伴うことが多く、やがては人名の一部にもなった。

＊3 「ザクロ石の独占的な交易の権利」をなぜ副協約書で規定したのか。ガーネット（ザクロ石）が宝石としての商品価値を持っていたからだけではなかった。旧約聖書には、アララト山に漂着したノアの方舟の舳先を照らす「導きの灯」として伝わり、そのアララト山をアルメニア人が民族的な象徴としていたことに一因があるのではないかと推測される。

＊4 Baladouni and Makepeace, p.90; Seth, p.238

＊5 シャルダンについては、羽田正『冒険商人シャルダン』講談社学術文庫、二〇一〇年を参照。

＊6　カルマニアはペルシャ語、ギリシャ語由来の古名。イラン南東部のルート砂漠に位置する小都市、今日のケルマーン。同地で生産される絨毯は国際商品として古くから知られていた。
＊7　英語ではホージャ・パノス・カレンダール。ホージャ・パノス・カランタールと同一人物と考えられる。在マドラスの有力商人であり、カトリックへの改宗者、「一六八八年協約」締結の当事者であった。本章の＊2も参照。
＊8　Seth, p.581
＊9　Aslanian, pp.58-60
＊10　重松、二〇一六年、二三二～二三四頁、二四二～二四三頁
＊11　ラホールとデリーを結ぶ幹線道路の中間にある小都市、シルヒンドとともにアルメニア商人の定留地であった。
＊12　重松、二〇一六年、二三〇～二三一頁
＊13　Baladouni and Makepeace, 1998
＊14　重松、二〇一六年、二三四～二三五頁
＊15　Seth, p.614
＊16　重松、一九九三年

第4章　アルメニアン・コミュニティの家族史
——ホヴァキム家の事例

シンガポールのアルメニアン・コミュニティ

シンガポールはカルカッタと並んで、アルメニアン・コミュニティの二大拠点となった。とはいえ、その人口は少なく、次表[*1]に見られるように一九〜二〇世紀前半を通じて年間ほぼ三〇〜六〇人台であり、ピーク時の一九三一年でさえも八一人であった。華人系が大多数を占めるシンガポールでは圧倒的に少数者であったといえる。

一八二三年	一六人	一八二八年	二四人	一八三二年	三五人	一八三六年	三四人
一八四一年	三六人	一八四九年	五〇人	一八七一年	六四人	一八八一年	八〇人
一八九一年	六八人	一九〇一年	七九人	一九一一年	六五人	一九二一年	五五人

一九三一年　八一人　一九四七年　六二人

一八二〇年から二〇〇二年の約一八〇年間に、シンガポールに居留したアルメニア人の総数は六五六人、うち五三二人が「純粋のアルメニア人（full Armenian）」、一一三人が「ハーフ・アルメニア人（half-Armenian）」、そして一一人が「クオーター・アルメニア人（quarter-Armenian）」（ハーフやクオーターの実態は不明）であった。また、六五六人のアルメニア人のうち、五年以上のシンガポール滞在者は四六二人、うち一八四人が二五年以上の長期居留者であるが、三世代まで定住したのは一二家族にすぎなかった。二〇〇三年頃までにはシンガポール在住の旧世代のアルメニア人のほとんどは死去あるいはオーストラリア、アメリカなどへの移住、エスニック間結婚などで激減し、新たにオーストラリア、イギリス、フランス、アメリカから移住したアルメニア人が加わることになる。[*2] しかし、それでも、二〇二〇年時点でその数は二〇人を超えないと推定される。

シンガポールに三世代まで定住した一二家族の中でも、とりわけ著名な一族がホヴァキム家とマーティン家であった。ここではホヴァキム家の家族史を通して、東南アジアのアルメニアン・コミュニティの特徴を考えてみたい。

シンガポールのホヴァキム家

ホヴァキム家について家族史や族譜などのまとまった記録はない。一族の足跡をたどる手掛かりはシンガポールのアルメニア教会の墓碑銘、二〇世紀初頭の『シンガポール・フリー・プレス』や『ストレイツ・タイムズ』などの新聞記事や名士録、それらをもとにしたナディア・ライトの研究書である。[*3] 以下はそれらの資料によることにする。

ホヴァキム家[*4]は、一九世紀初頭から二〇世紀にかけて、シンガポールを中心にインド、マラッカ、インドネシア、イギリスで活躍した多彩な経歴を持つ一族であった。

一族のうち六人がアルメニア教会に葬られている。シンガポールの目抜き通りであるオーチャード通りの東端から約五〇〇メートル南、アルメニア通りにある教会の墓地には、全三九基のアルメニア人墓碑（二〇一九年一二月現在）があり、その中に、ホヴァキム家の当主パルシクと妻ウレリア、長女で後にシンガポール国花「ヴァンダ・ミス・ジョアキム」の名前の由来となったアシュケン（アグネス）、第三子ジョアキム（ジョー）、第八子アラトゥーン、第九子セトの墓碑がある。

起業家パルシク・ホヴァキム

墓碑によれば、パルシク・ホヴァキムの生地はマドラス、生年は不明、一八七二年五月一七日、熱病によりシンガポール没。享年五四歳。[*5]

一八五二年二月一七日、母イザイアと父アシュケン・ザチャリアの子女ウレリア（別名ウルグルあるいはマリア）とシンガポールのアルメニア教会で挙式、一七年間に三女八男をもうける。

生年不明のため推定なのだが、おそらく二〇代の頃であろうか、パルシクはマドラスからベンガル湾を渡り、シンガポールに到来、一八四〇年頃に商業中心地のコマーシャル・スクエアに貿易・代理商会を設立して実業家のスタートを切った。

一八四五年にアルメニア人が経営するアプカー・ステファン商会の倒産後はその事業を継承し、カルカッタに本社が所在するアプカー商船の代理店として、アラトゥーン・アプカー号、アララト号、ヒーロー号の三隻によってカルカッタ、バタヴィア、ペナンを運航した。[*6] さらにカルカッタのリライアンス海上保険会社の代表、イギリスの家庭医薬品会社ホロウエイズ・ピルズ社の代理店、一八六四年創業のタンジョン・パガー・ドック会社にも共同出資している。また、アプカー・ステファン商会の経営を引き継いでシンガポール各地の広大な不動産を取得した。一八四八年に事業不振に陥るが、アプカー商船所有のヒーロー号やシンガポールの主な店舗を売却して切り抜け、新たにアルメニア人のシモン・ステファンと共同でステファン・ホヴァキム商会を設立し、死を迎えるまでの二四年間同商会の経営に携わった。この間、シンガポールを拠点にカルカッタ、バタヴィア、ペナンの事業拠点を駆け回った。

パルシクの事業は、経営規模は小さかったようだが、開拓期のシンガポールにおける基幹事業——海運・造船・保険・鉄道・不動産・港湾事業——のみならず、大衆向け商品も手掛けた起業家であった。

東南アジア、インド、イギリスを結ぶ一族

父パルシクはヨーロッパに渡ることなく、終生アジアのゴールデン・トライアングルをビジネスの舞台とした。しかし、一一人の子女のうち三人の娘以外、カラペトを除く七人の男子はそれぞれシンガポールやイギリスでエリート教育を受け、アジアの各地で活躍の機会を得た。その子女の経歴を次に述べたい。

長男ナルシス　一八五二年一二月二日、シンガポール生まれ。名門ラッフルズ学院[*7]卒業後、ドイツ系の個人商会E・H・ヒンネキント商会[*8]に職員として一八七八年まで勤めた。その後は父親の財産を継承して有閑生活に入り、趣味の乗馬にのめりこみ、シンガポール・ポロクラブ、シンガポール・スポーツクラブのメンバーとしても活躍。カルカッタをはじめ海外へ出ることが多かったが、一八九八年以後は消息不明。没地・没年不詳。

長女アシュケン（アグネス）　墓碑によれば一八五四年四月七日、シンガポール生まれ。一八九九年七月二日、ガンによりシンガポール没、享年四五歳。[*9] アグネスについてはこの後でより詳細に述べることにする。

二男ジョアキム（ジョー）　一八五六年四月一日、シンガポール生まれ。一九〇二年七月一日、イギリスからの帰国直後にチフスを発症してシンガポール没、享年四六歳。ホヴァキム一族の中で最も多面・多彩な活動をした男であった。一八六九年、シンガポールのブラザーズ・オブ・クリスチャンズスクール[*10]に在校し、歴史、地理、リーディング、フランス語において優秀な成績をおさめた。ラッフルズ学院で学んだ後に渡英し、一八七五年、法廷弁護士の養成機関として最も権威あるミドル・テンプル法曹院[*11]に在籍。一八七八年五月、法廷弁護士資格を得た後、シンガポールに帰国、同年一一月、二二歳でシンガポール最高裁判所の弁護士に任命された。その後、シンガポールの中心地ラッフルズ・プレイスにトーマス・ブラッデルと共同でブラッデル・ジョアキム法律事務所を構え、その後は独立して法律事務所を次々と開業、弟のジョンとともにジョアキム兄弟法律事務所を開設。

ジョーの才覚は弁護士業にとどまらず、ほかの事業にも発揮された。一八八九年にはマレー半島中部のペラク州にジェラブ錫鉱山会社を創業、同年には二七の鉱床を採掘し、六三四人の労働者を雇用、一九〇〇年に退任するまで社長職を務めた。

離散アルメニア人の多くは、通例、政治から距離を置いていた。だがその例外としてジョーはシンガポールの政界に進出した。弁護士・企業家と並行して、ジョーはかれこれ一四年間シンガポール市政評議員を務めた。一八八三年から一八九七年の間は、数度にわたってシンガポール議会選挙に立候補しては選出と辞職を繰り返しつつ、シンガポール政界に影響力を強めた。

離散アルメニア人の有力者に多いのだが、ジョーはまた熱心なフリーメイスンの活動家でもあった。一八七九年にゼトランド・ロッジに入会後、一八八二年にはマスターに、一八八四年、一八八六年、一八九二年にはセント・ジョージ・ロッジのマスターに選出された。彼はフリーメイスン会館基金の共同出資者・管財人となり、一八八八年にはメイスンクラブ設立の実行委員に任命され、一八八六〜一八八八年、一八九三〜一九〇二年の間、地区の副グランドマスターに任じられた。

健康には恵まれなかったようだが、ジョーはそれでもスポーツに力を入れた。シンガポール・スポーツクラブのメンバーとして乗馬を楽しみ、一八八四年から一八九九年には新年の恒例行事だったレガッタ大会の運営委員会に参加し、ヨットクラブの幹事を務め、シンガポール・クリケットクラブのメンバーとなり、テニスチャンピオンシップにも参加した。

学芸の分野でも頭角を現した。二〇歳で王立地理協会の会員に選ばれ、シンガポールや近隣諸島の調査報告を発表、そのほかシンガポールクラブや海峡植民地協会[*12]などの親睦団体の会員や副会長を務めた。[*13]

『ストレイツ・タイムズ』はジョアキム・ホヴァキムの早世を悼んで弔文を掲載した。[*14]

三男ジョン　一八五八年六月一七日、シンガポール生まれ。一九〇四年二月一六日、クアラルンプール没、享年四五歳。次兄のジョーと同様にブラザーズ・オブ・クリスチャンズスクールに学び、一八七〇年代後半にロンドンへ。リージェントパークの一角に住みキングズカレッジの夜間部で学ぶ。一八七九年にシンガポールに帰国後、兄ジョーが設立したブラッデル・ジョアキム法律事務所の職員となる。兄に倣ってロンドンのミドル・テンプル法曹院に入校し、一八八八年にイギリス法廷弁護士資格を得た。この間に結婚し、妻、長男ロイド・ジョアキム・パルシクを伴って、シンガポールに帰国、一八八九年二月二八日に海峡植民地の弁護士資格を得る。一八九〇年にマラッカに移住し、ジョアキム・イヴラール法律事務所の責任者となる。一八九六年に一家はクアラルンプールに移り、ジョアキム兄弟法律事務所の支所の責任者となる。仕事は順調であったが体調が悪化し、風邪、喘息《ぜんそく》、リウマチをこじらせ、死を迎えることになる。

事業活動以外にも兄ジョーの影響は強かった。フリーメイスンに積極的に関与し、ゼトランド・ロッジのマスター、フリーメイスン会館基金の幹事・管財人、海峡植民地協会およびシンガポール・クリケットクラブのメンバーとして活躍した。[*15]

政治への関心をのぞいて、ジョンは兄ジョーとほぼ同じ道をたどった。

四男カラペト　一八五九年七月二五日、シンガポール生まれ。一九〇四年九月二〇日、シンガポール没、享年四五歳。検視の結果、自殺か他殺かは不明であるが、死因は服毒死。

一八七〇年代にはラッフルズ学院の教師を務めるが、一八八〇年半ばにはマラッカに派遣されて一八九〇年代までジョアキム・イヴラール法律事務所の経営責任者となる。この間ロディク家のエリザと結婚し、五子をもうける。同名の第五子エリザを出産後、妻のエリザは逝去。カラペトは五子を伴ってシンガポールに帰国、ブローカーとして開業、一九〇三年三月、イサベラと再婚。翌一九〇四年に不慮の死を迎えることとなる。[*16]

二女タグヒー（レジナ）　一八六一年四月七日、シンガポール生まれ。一九二六年、シンガポール没、享年六四歳。

一八八二年六月、シンガポールを拠点とする有力なアルメニア人実業家イェギアザール・トール・ヨハンネス（ホヴァンネス）とシンガポールのアルメニア教会で挙式、二一歳。夫に従って東ジャワ中部のマランに移る。

夫イェギアザールは一八五四年七月一五日、イスファハンの新ジュルファ生まれ。一三歳でカルカッタに送られて同地のアルメニア寄宿学校で教育を受けた後にジャワに移り、アラトゥーン、ルーカス兄弟とともにマランを基点にサーキーズ・ヨハンネス商会を設立、五人の子女をもうけた。一九〇一年にはイェギアザールはサーキーズとともにシンガポールに戻り新たに同商会の支社を立ち上げた。シンガポールのホテル産業の潜在的な需要に着目したイェギアザールは、一九〇三年にアデルフィ・ホテルを買い上げて改築した後、営業を開始した。このホテルは破産・訴訟沙汰に巻き込まれて失敗してしまったが、シンガポール中心部の高級住宅地カトン地区のシー・ヴュー・ホテルに注力して事業は盛況を迎え、ラッフルズ・ホテルと競うほどの名声を勝ち得た。

一九二一年一〇月一一日、イェギアザールは心臓発作に見舞われ六七歳の生涯を閉じた。

五男メケルティッチ（セント・ジョン）　一八六三年四月九日、シンガポール生まれ。一九四六年一〇月一六日、カルカッタ没、享年八三歳。[*17] 一八八二年五月、イギリス・エセックス州の名門校サフロン・ワルデン・グラマースクールに入学、一八八四年、シンガポールに帰国後、香港上海銀行に勤務。一八九〇年頃から一八九二年までシンガポール保険会社のアシスタントを務める。一八九三年二月、カルカッタの聖ナザレ教会で、アルメニア人マルカル・グレゴリー（グレゴリヤン）の息女と挙式、以後亡くなるまでカルカッタに居を定めた。

二男ジョー、三男ジョンと同様にフリーメイスンの熱心なメンバーとしてセント・ジョージ・ロッジを任される。また、フリーメイスンのラグビーとクリケットチームのメンバー、テニス、ゴルフなどの選手としても活躍した。[*18]

六男アラトゥーン　一八六四年七月二日、シンガポール生まれ。一八九五年九月一五日、心臓病でシンガポール没、享年三一歳。

一八八二年二月、サフロン・ワルデン・グラマースクールに入学、一八八四年ケンブリッジのトゥリニティ・ホールに学ぶ。その後の経歴は不明であるが、シンガポールに帰国し二男ジョーの補佐として働く。シンガポール政庁は増加する車両を管理するため一八九二年に「ハックニー・車両・ジンリクシャ局」を設置、アラトゥーンは兄ジョーの反対を押し切って同局の補佐官に応募し、任用される。その三年後に急逝。[*19]

七男セト　一八六六年九月一一日、シンガポール生まれ。一九〇四年一月二二日、シンガポールのオテル・ドゥ・ラ・ペ[*20]にて急死、死因不明。享年三七歳。[*21]

一八八三年、サフロン・ワルデン・グラマースクールに入学、一八八七年二月、ミドル・テンプル法曹院に入校、一八九二年一月、法廷弁護士資格を得た。一八九三年、トーマス・ブラッデルの推挙によって海峡植民地の弁護士資格を得る。その後一九〇二年までマラッカのジョアキム・イヴラール法律事務所に勤める。

八男シモン（パーシー）　一八六七年一二月五日、シンガポール生まれ。一九〇九年二月、ロンドン没、享年四一歳。一八八七年一月、ミドル・テンプル法曹院に入校、シンガポールに帰国後、六男の兄アラトゥーンの職を引き継ぐ。一九〇二年二月、職務上のトラブルで上司の不興を買い、ロンドンへ出立。一九〇九年、シンガポールへの帰国直前に肺炎を患い逝去。[*22]

三女サラ　一八六九年三月一五日、シンガポール生まれ。一九五三年八月四日、シンガポール没、享年八四歳。シンガポール園芸展覧会では一八九三年、一八九四年、一八九七年に花卉《かき》・果樹・蔬菜《そさい》部門で一等賞を得ている。母親ウレリアと生活をともにし、母の死後は二女タグヒーやその娘と暮らすが、日本軍のシンガポール進駐から逃れてインドへ疎開し、戦後再びシンガポールの自宅へ戻った。[*23]

園芸愛好家の母娘ウレリア、アグネス、サラ

離散アルメニア人の家庭では女性の社会進出は稀《まれ》であったようだ。ホヴァキム家もその例外ではなかった。しかし、母ウレリアと二人の娘アグネス、サラは園芸という分野で才能を開花させ、見事に自己表現の方途を切り拓《ひら》いていった。

ウレリアはベゴニア、シダ、バラの愛好家で、一八九一年、一八九五年、一八九七年にシンガポール園芸展覧会でいくつかの賞を獲得し、一八九八年にはベゴニア、シダ、切り花のラン、シタキソウの部門で優勝している。[*24]

長女のアグネス、末娘のサラも母親の影響を強く受けた。二人はそれぞれ違った植物への関心を深め、多くの園芸展覧会で受賞している。とりわけ、アグネスはランへの関心が強く、彼女が見出したランは後にシンガポールの国花になった。

新種のラン発見

シンガポールの国花はランである。その名はホヴァキム家の長女アグネスに由来する。多民族国家、特に華人が最大多数のシンガポールで、アルメニア人の名がつけられた花が国花となった経緯は複雑であり、多くの論争が起こった。

一八九三年はじめ、タンジョン・パガー地区——今日ではビジネス街の只中《ただなか》にあるが、かつ

ては緑深い丘であった――のナルシス通りの広大なホヴァキム家の庭園で、新種のランが見出された。それはシンガポール植物園に届けられ、専門家の検証を経て一八九三年六月二四日付のイギリスの園芸専門誌『ガーデナーズ・クロニクル』に、以下のように報告された。

注目すべき新種の植物、ヴァンダ・ミス・ジョアキム
―V・フーケリアナ種とV・テレス種との交配種―
シンガポール在住の女性で園芸家としてよく知られているミス・ジョアキムは、シンガポールではどこの庭園でも自生しているヴァンダ・フーケリアナ・レブ種とV・テレス種の二種のランの交配に成功した。残念ながら、どちらの種が雄株かの記録は残されていない。だが、両種の完全な中間種として極めて美しい植物の姿であり、私はこれまでにこのような交配の記録を目にしたことがない。そのことをここに記しておく。（中略）この植物を一言でいえば、形はフーケリアナ、色はテレスである。極めて美しい植物であり、両種の美しい長所を改良したものと思う。現在、この植物はシンガポール植物園にあり、接ぎ木によって繁殖されている。H・N・リドリー

ヴァンダ属の新種ランの報告者は、シンガポール植物園の初代園長ヘンリー・リドリー。[*25]

リドリーは新種ランの姿・形・色合いの美しさと、それが人工交配によって生み出されたことに注目し、「ヴァンダ・ミス・ジョアキム」と命名した。その切り花はリドリーからロンドンのラン研究家トレヴァ・ローレンスに送られ、ローレンスのラン育種家の下でランは成育し、一八九七年六月、ヨーロッパで初めて開花した。そして、このランはロンドンの王立園芸展で公開され、称賛を浴びた上、一等の賞を得た。一八九九年四月一二日付のシンガポールの現地紙『ストレイツ・タイムズ』紙は、この年の花卉展覧会でヴァンダ・ミス・ジョアキムが最も珍しいランとして優勝を勝ち取ったと報じている。

この新種ランが国際的に名声を得た直後の一八九九年七月二日、アグネスは四五歳の若さでガンによってこの世を去る。

国花となったヴァンダ・ミス・ジョアキムと交配論争

ヴァンダ・ミス・ジョアキムはその後マラヤ、オランダ領東インド（インドネシア）、ハワイ、フィリピンへと広まり、シンガポール原産の名品種として国際的な評価を得ることになる。

一九八一年四月一五日、文化大臣のS・ダナバランはヴァンダ・ミス・ジョアキムをシンガポールの国花に制定すると発表し、「永代蘭」などの中国名も検討された。[*26] その後、ヴァンダ・ミス・ジョアキムは一九八五年からはシンガポールの一セント硬貨にも刻印され、街路名となり、バティックの花模様となった。名実ともにシンガポールの代表的なシンボルとして、アグネスはシンガポールに「落地開花」を体現したのである。だがその後、名花は厳しい試練をくぐることになる。

試練とは「人工交配」か「自然交配」かをめぐる大論争である。具体的には、ヴァンダ属の新種ランは、アグネスによるさまざまな試みの結果成功した「人工交配種」なのか、あるいはアグネスが自邸の庭で偶然に「発見」した「自然交配種」なのかという点にあった。

先述のナディア・ライトは、二〇〇〇年にランの専門誌『マラヤ・オーキッド・レヴュー』に寄稿し、ヴァンダ・ミス・ジョアキムは「人工交配種」だという意見を発表した。それに対して、三人の専門家――マレーシア生まれでランの専門学者ヒュー、香港出身の生物学者ヤン、ブルガリア生まれの植物生理学者アルデッティは、彼女に反論の書簡を送り「自然交配種」であることを強く主張し、さらに二〇〇二年には三人の共著による「人工交配」による新種ランに対する批判の書を著して、その第二章および付論で詳細な論証を試みた[*27]。

「自然交配説」の根拠は次のようであった。ランの専門知識も交配技術も持たないアマチュアの一女性が、ランの人工交配を行えるわけがないという「素人説」、再現実験による交配の結果によっても必ずしも整合性を持たない「再現困難説」、庭園に飛び回るクマバチによる「昆虫受粉説」であった。

それに対して、ライトは二〇〇四年のイギリスの『オーキッド・レヴュー』誌で反論、ヒューらは同年の『マラヤ・オーキッド・レヴュー』で再度「人工交配説」を批判した。

人工交配か自然交配かをめぐる論争は二〇〇〇年から二〇〇七年まで続き、結論は先送りとなった。[*28]

論争はどう決着したか

二〇一一年、科学者によるDNA鑑定などの検証の結果、ヴァンダ・ミス・ジョアキムの親株は、通説であったヴァンダ・テレス（Vanda Teres）属ではなく、パピリオナンテ・テレス（Papilionanthe Teres）属とする新たな説が導き出された。そして、それをもとに正式の学名は新たにパピリオナンテ・ミス・ジョアキム（Papilionanthe Miss Joaquim）とされた。

シンガポール政府の二〇一七年版「広報」[*29]によれば、国立公園局および国立文化遺産局は、二〇一六年九月七日に、アグネスをヴァンダ・ミス・ジョアキムの「ブリーダー」と認めたが、公的にはヴァンダ・ミス・ジョアキムという名称を使うことはなくなった。

筆者は二〇〇四年にシンガポール国立植物園を訪れたが、オーキッド・ルームの解説には次のように記されていた。

シンガポール国立植物園の解説板

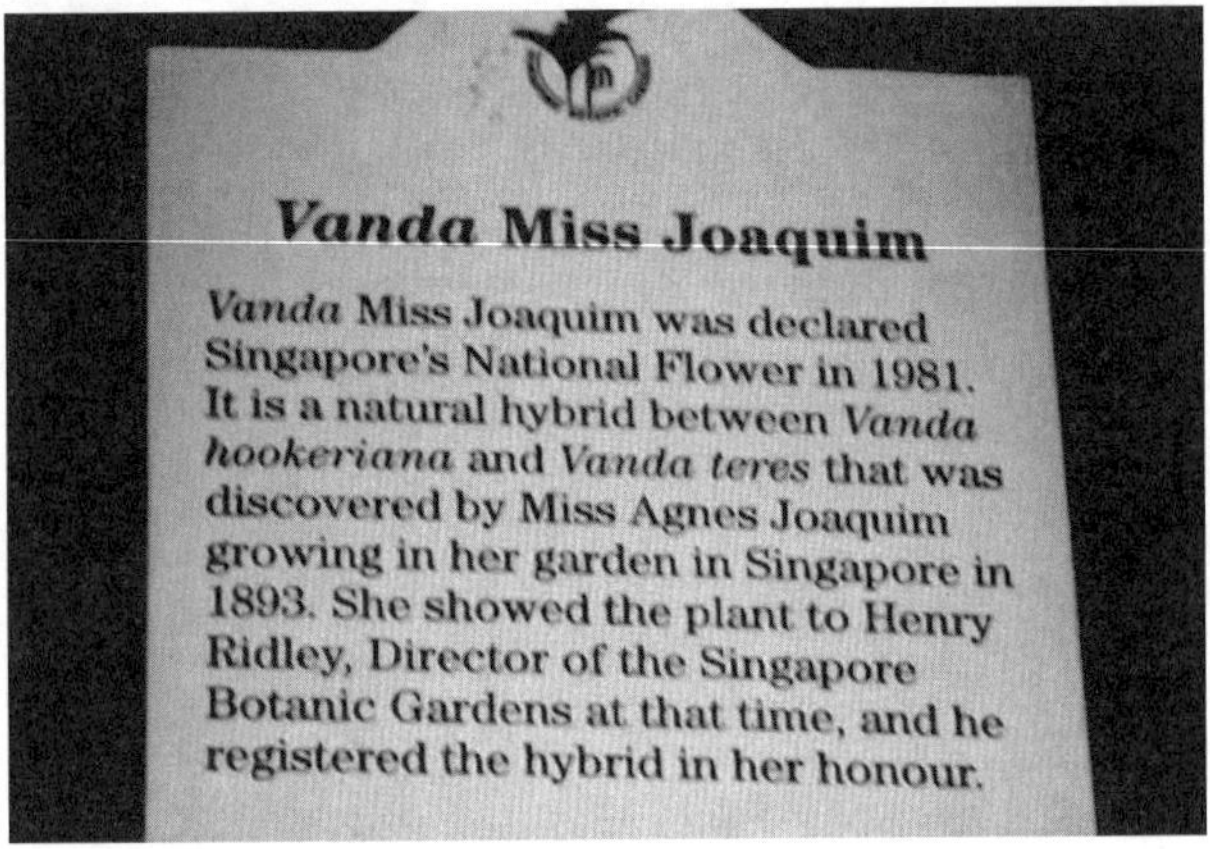
Vanda Miss Joaquim
Vanda Miss Joaquim was declared Singapore's National Flower in 1981. It is a natural hybrid between Vanda hookeriana and Vanda teres that was discovered by Miss Agnes Joaquim growing in her garden in Singapore in 1893. She showed the plant to Henry Ridley, Director of the Singapore Botanic Gardens at that time, and he registered the hybrid in her honour.

筆者撮影

ヴァンダ・ミス・ジョアキム

ヴァンダ・ミス・ジョアキムは一九八一年に国花と宣言された。この花はヴァンダ・フーケリアナ種とヴァンダ・テレス種の自然交配種であり、一八九三年にミス・アグネス・ジョアキムによってシンガポールの彼女の自邸の庭で発見された。アグネスは当時のシンガポール植物園長ヘンリー・リドリーにこの種を示し、同氏は彼女を讃えてこの交配種を登録した。

（傍線は筆者による）

家族史から現れる姿

これまで紹介した一家二代の歴史を筆者が一覧にしたものが、次頁の「ホヴァキム家二代系図」である。一家二代の歴史から、アジ

ホヴァキム家二代系図

Urelia **(Uruguru, Maria)**
(b1828Sin~d1905Sin)

Parsick Joaquim
(b?Madras~d1872Sin) / Calcutta ⇒ Batavia ⇒ Penang

Owner and Shareholder ・Apcar Shipping line ・Middleman of merchants
・Reliance Marine Insurance ・Holloway's Pills ・Stephen's & Joaquim Co.
・Tanjong Pagar Dock Co. ・Singapore Railway Co.
Company ・Real Estate of Apcar & Stephen's

- 長男 **Narcis** (b1852Sin~d?) / Calcutta ⇒ ?
  ・E.&H. Hinnenkindt; Horse owner?
- 長女 **Ashkhen** **(Agnes)** (b1854Sin~d1899Sin)
  ・Gardener(discovery of Orchid, "Vanda Miss Joaquim")
- 二男 **Joaquim** **(Joe)** (b1856Sin~d1902Sin) / England ⇒ Japan ⇒ England ⇒ Singapore
  ・Braddell & Joaquim(law farm);Lawyer; Jelabu Mining Co.(Perak); Municipal Council Member; Legislative Council Member; Deputy District Grand Master(Freemason); American Vice Consul(Singapore)
- 三男 **John** (b1858Sin~d1904KL) / London ⇒ Singapore ⇒ Middle Temple (London) ⇒ Singapore ⇒ Malacca ⇒ Singapore ⇒ KL
  ・Braddell & Joaquim(chief clerk)(Singapore); lawyer(Straits Settlements Bar, Singapore); Joaquim & Everard(Malacca); Joaquim Brothers(KL)
- 四男 **Carapiet** (b1859Sin~d1904Sin) / Malacca ⇒ Singapore
  ・Teacher(Ruffles Institution, Singapore); Clerk of Joaquim & Everard; Broker
- 二女 **Takouyee** **(Regina)** (b1861Sin~d1926Sin) / Singapore ⇒ Malang(Jawa) ⇒ Singapore
- 五男 **Mackertich** (b1863Sin~d1946Calcutta) / Saffron Walden (Essex) ⇒ Singapore ⇒ Calcutta
  ・HSBC(Singapore); Singapore Insurance Company(Singapore)
- 六男 **Arratoon** (b1864Sin~d1895Sin) / Saffron Walden (Essex) ⇒ Cambridge ⇒ Singapore
  Clerk of Braddell & Joaquim; Hackney Carriage and Jinrikisha Dep(Sin.)
- 七男 **Seth** (b1866Sin~1904Sin) / Saffron Walden (Essex) ⇒ Middle Temple(London) ⇒ Malacca ⇒ Singapore
- 八男 **Simon** **(Percy)** (b1867Sin~d1909London) / Middle Temple(London) ⇒ Singapore ⇒ London
- 三女 **Sarah** (b1869Sin~d1953Sin) / India ⇒ Singapore
  ・Gardener

Sources:1 Wright (2003), chap.30, pp.218~239.;2 Seth (1992), Some contents not certain due to no basic sources
筆者作成

アにおける離散アルメニア人の姿が現れてくる。それは多くのアルメニア人に見られる典型例ではないにしても、近代の離散アルメニア人の、ある特徴を表しているといえるのではないだろうか。それらを要約すれば、次のようになる。

パルシク・ホヴァキムの一家は多子家族であった。この後に述べるアプカー家もそうだが、総じて離散アルメニア人の家族は多子である。女子は家庭に、男子は国内・海外での高等教育を受けることができた。ホヴァキム家では八人の子息のうち、四男のカラペトをのぞいて七人がエセックスのサフロン・ワルデン・グラマースクールやロンドンのミドル・テンプル法曹院、ケンブリッジなどの名門校で学び、その後シンガポールやマラッカ、カルカッタなどで弁護士業や実業界で華々しい活躍をしている。本書では紹介できなかったが、そうした事例は多くの有力な在外アルメニア商人にも共通する。男系的・家父長的ともいえる教育方針が「アルメニア人」としての通例なのか、「離散アルメニア人」に特有なのか、あるいは「イギリスの影響」なのか、「アジア的な家族主義」の一つの系譜なのかは筆者には不明である。

華麗な一族の歴史ではあったが、一一人の子供のうち七人が四〇代半ばまでに亡くなっている。ホヴァキム家の男性が総じて短命であるのは一つの顕著な傾向であったが、それが離散アルメニアン・コミュニティに共通するのかどうかは不明である。

註

＊1　シンガポールのアルメニア人口の変遷は、ナディア・ライト作成のシンガポールセンサス一覧にもとづく（Wright, Nadia H., *Respected Citizens: The History of Armenians in Singapore, and Malaysia*, AMASSIA, 2003, p.44）。

＊2　Wright, pp.43-53

＊3　Wright, Nadia H., *Respected Citizens: The History of Armenians in Singapore, and Malaysia*, AMASSIA, 2003. 依拠する史料の出典が明らかでないものもあるが、本章では主にライトの著作による。

＊4　英語表記ではHovakim、アルメニア語ではJoaquim。ホヴァキムは一四六一年にオスマン帝国のスルタン、メフメト二世によってアルメニア人として最初の総司教に任命された人物といわれるが、異説もある（ブルヌティアン、一八四〜一八五頁）。

＊5　『ストレイツ・タイムズ』紙によれば六一歳、教会の記録によれば五八歳。離散の民としての通例で、教会の洗礼記録がない地では生年不詳のことが多く、正確な年齢は不明。

＊6　Wright, p.218

＊7　一八二三年開校のシンガポール最古の高等学校。当時は一三〜一六歳の男子の教育を行った。

＊8　同商会の組織・活動について詳細は不明であるが、『チャイナ・ディレクトリー』（一八九八年）には「シンガポールの商人（E. H. Hinnekindt, Merchant, Singapore）」とある。

＊9　Wright, pp.219-220
＊10　一八五二年にシンガポールの目抜き通りブラスバサー通りに面して開校されたカトリック系キリスト教の学校。
＊11　ロンドンの中心にテンプル騎士団が開拓したテンプル地区に、一六世紀初期に創設された（異説あり）、法廷弁護士の育成を行う名門の法曹院。
＊12　シンガポールクラブ（Singapore Club）は一八六一年に創設された社交クラブ、サロンであり、実業界の大立者や植民地官僚の男性エリートをメンバーとした。また海峡植民地協会（Straits Settlements Association）は一八六八年イギリス領海峡植民地の商業組織によってロンドンに結成され、主として植民地の利益を擁護した営利団体である。その活動の一端については重松、二〇一九年、七七頁参照。
＊13　Wright, pp.220-221, 224-226
＊14　The Straits Times, 1902.7.3
＊15　Wright, p.228
＊16　Wright, pp.234-235
＊17　一五二二年にイートンカレッジに対抗してエセックス州サフロン・ワルデンに開校された名門男子校。
＊18　Wright, p.236
＊19　Wright, p.237

＊20　コールマンの私邸を改装して一八六五年に創業。ラッフルズ、グラン・オテル・ドゥ・ヨーロッパ、アデルフィと並ぶシンガポールの名門ホテル。
＊21　Wright, p.237
＊22　Wright, p.237
＊23　Wright, p.238
＊24　Hew Choy Sin, Yam Tim Wing and Arditti, Joseph *Biology of Vanda Miss Joaquim*, Singapore University Press, 2002, Appendix I, by Abraham Der Krikorian. なお、二男のジョーも一八八一年のフラワーショーのラン部門で一等賞を、一八八五年にはベスト・オーキッド賞を受賞しており、それは「極めて稀な種類であり、シンガポールでは唯一の花である」と称賛された（The Straits Times, 1885.7.30）。
＊25　マレー半島にブラジル原産の天然ゴムの苗木をもたらし、ゴムの商品化に貢献した植物学者。
＊26　The Straits Times, 1981.6.14
＊27　Hew Choy Sin et al., 2002
＊28　論争の経過は The Straits Times, 2016.9.7 および AMASSIA Publishing の二〇一七年七月の電子広報版に詳しい。
＊29　Vanda Miss Joaquim, Infopedia, 2017

第5章　アジア海域のアルメニア海運

アジアの海運同盟

一九世紀後半から今日まで、世界の商船業界は「カンファランス」と呼ばれる「海運同盟」を結成して、運賃・航路・共同繫船を保護する協定を結んできた。[*1] それは海運業界のカルテルで、少なくとも一二の国際的な海運同盟が結成されていた。そのうち、アジアの海域で日本が関与した主な同盟は、日本とボンベイ間の航路に関する「ボンベイ・日本同盟」と、日本とカルカッタ間の航路に関する「カルカッタ・日本同盟」であった。[*2]

前者については一八八八年一二月にP&O（Peninsular and Oriental Steam Navigation）、オーストリア・ロイドとイタリア商船（NGI）の三社によって結成され、P&Oを主体にボンベイ～日本間の運航数や積載貨物量の配分が決められていた。その後一八九三年にボンベイ航路を開設した日本郵船が一八九六年に同盟への加入が認められ、さらに一九一三年に大阪商船が同航路を開設すると同時に、「ボンベイ・日本同盟」への加入が認められた。

その結果、P&O、日本郵船、大阪商船、海洋船団（元のNGI）、オーストリア・ロイドの五社間で配船比率が決定されることになった。後にオーストリア・ロイドと海洋船団がこの航路から撤退し、一九二五年には神戸に本社を置く国際汽船が新規加入した。その結果、一九二九年以降は新たな四社間の協定となった。[*3] この航路では、日本の海運会社は比較的に有利な地位を保っていたといえる。

カルカッタ航路の争奪

後者のカルカッタ航路でも、日本の商船会社は後発組であった。航路の先発はアプカー商船と印支会社であった。

印支会社（あるいは印支線）とは、日本の海運業界の間での略称で、正式の名称はインド・シナ商船（ICSN）である。この会社は元々スコットランド系のジャーディン・マセソン商会が香港を拠点に一八七三年に設立した中国沿海汽船（CCSN）であり、中国沿岸の諸港と日本を周航していたが、さらに中国沿岸から東シナ海、南シナ海、ベンガル湾海域全域に及ぶ航路を拡延して、新たにインド・シナ商船として設立された。

ここで、後にアプカー商船を合併することになる英領インド汽船会社（British India Steam

Navigation, 通称ＢＩ）について触れておきたい。

一八四七年にスコットランド出身のウイリアム・マッキノンとロバート・マッケンジーによって設立されたマッキノン・マッケンジー会社は、当初はカルカッタ近くの港町コッシポルをベースに、カルカッタとイギリス、オーストラリア、中国を結ぶ交易、傭船業務を行っていた。

一八五六年九月二四日にマッキノン・マッケンジー会社がカルカッタ・ビルマ汽船（ＣＢＳＮ）を設立し、「セポイの反乱」が起こった一八五七年には植民地インド政府の傭船として、カルカッタ〜ラングーン〜モーラミャイン間を周航することになった。一八六二年には航路はさらにシンガポールまで延伸された。この年、カルカッタ・ビルマ汽船を英領インド汽船（ＢＩ）と改称して、カルカッタ〜ラングーン〜海峡植民地を結ぶベンガル湾・東南アジア航路へと本格的に進出することになる。さらに一九一二年にはアプカー商船を買収し、その二年後にはＢＩはＰ＆Ｏに合併された。[*4]

このように、ＢＩは近代国際海運業界の縮図のように、一九世紀半ばからの半世紀の間に目まぐるしく変容した。アプカー商船を買収してからは、インド〜東南アジア間の航路にＢＩが積極的に進出してくるようになる。

一九一一年に日本郵船が初めてこの航路に参入するのだが、さらに一九一四年の第一次世界大戦の勃発によって、カルカッタ〜日本間を運航していたイギリス船の多くがヨーロッパ戦線に戦時徴用された。そのためにアジアでの運航は手薄となり、日本郵船はその間隙を縫って日本〜カルカッタ航路で勢力を伸ばすことになった。

結果として一九一八年には、ＢＩ、インド・シナ商船、日本郵船の三社によって「カルカッタ・日本同盟」が再編されることになったのである。[*5]

大阪商船の調査報告

アプカー商船によるアジア海運の進出に最初に着目したのは大阪商船である。日本郵船に後れをとっていた大阪商船は「南洋」航路＝東南アジア・インド航路の新たな開設を目指して、少なくとも四回現地調査を行い、詳細な報告書（復命書）を作成している。[*6]

第一回　明治三三（一九〇〇）年「南洋印度航路視察」（大阪商船運輸課助役、柴原譲吉による）
第二回　明治三四（一九〇一）年「爪哇航路視察」（役職名不詳、河野文一による）
第三回　明治三八（一九〇五）年「印度航路視察」（大阪商船香港支店長、有馬唯一による）
第四回　大正二（一九一三）年「爪哇航路視察」（大阪商船運輸課員、阿部萬平による）

これらの報告書のうち、第一回は主にジャワ、スマトラ、ボルネオ、マニラの経済・海運事

アジア海運・アプカー商船関係年表*

1819年（文政2）	アプカー商会創業（Bombay）
1830年（天保元）	アプカー商船創業（Calcutta）
1832年（天保3）	ジャーディン・マセソン商会創業 サッスーン商会創業
1842年（天保13）	P&O、インド航路開設
1843年（天保14）	鋼鉄製蒸気船運航
1845年（弘化2）	P&O、シンガポール〜香港航路開設
1849年（嘉永2）	P&O、香港〜上海航路開設
1853年（嘉永6）	ペリー、浦賀に来航 プチャーチン、長崎に来航
1856年（安政3）	カルカッタ・ビルマ汽船会社（CBSN）創業
1862年（文久2）	CBSN、英領インド汽船会社（BI）に拡大・改称
1862年（文久2）	アプカー炭鉱創業（Calcutta） グラバー商会創業（長崎）
1864年（元治元）	グラバー商会、上海・横浜に支社開設
1868年（明治元）	長崎発着内外航路運航 ホーム・リンガー商会創業（長崎）
1869年（明治2）	西洋型船舶の建造・取得奨励の太政官布告 スエズ運河開通
1870年（明治3）	回漕会社設立（日本初の汽船会社） 九十九商会（後の三菱）運航開始
1871年（明治4）	回漕会社廃止、回漕取扱所に改組
1872年（明治5）	回漕取扱所解散、日本国郵便蒸気船会社設立
1873年（明治6）	中国沿海汽船会社（CCSN）、ジャーディン・マセソン商会の子会社として創業
1875年（明治8）	三菱商会、横浜〜上海航路開設（日本初の外国航路）

1875年（明治8）	日本国郵便蒸気船会社解散
	明治政府、三菱の保護育成を決定（国家による海運事業本格化）
1884年（明治17）	大阪商船設立
1885年（明治18）	日本郵船設立
1888年（明治21）	アプカー商船、バーナード商会代理店として横浜に開設
1893年（明治26）	日本海運業同盟設立
	日本郵船、ボンベイ航路開設
1894年（明治27）	日清戦争
1896年（明治29）	日本郵船、欧州航路開設
	日本郵船、豪州航路開設
1901年（明治34）	日本海運業同盟、日本船主同盟に改称
1904年（明治37）	日露戦争
1906年（明治39）	日本郵船、香港～バンコク航路開設
1911年（明治44）	日本郵船、神戸～カルカッタ航路開設
1912年（大正元）	BI、アプカー商船を買収
	BI、インド・シナ商船を買収
1913年（大正2）	大阪商船、ボンベイ航路開設
1914年（大正3）	パナマ運河開通
	P&O、BIを合併
1918年（大正7）	日本郵船、ジャワ～カルカッタ航路開設
	大阪商船、ジャワ～バンコク～スマトラ航路開設
	大阪商船、ボンベイ～マルセイユ航路開設
	日本郵船、カルカッタ～ニューヨーク航路開設
	日本郵船、カルカッタ～シアトル航路開設
	大阪商船、横浜～ロンドン航路開設
1921年（大正10）	大阪商船、日本～カルカッタ航路開設

【注】

*主としてアジア航路における海運事業を対象とした。

・『大阪商船株式会社八十年史』『日本郵船株式会社百年史』『近代日本海運生成史料』『日本海運発展史』、Japan Directory、P&O、BI、ICSN の各社史をもとに筆者作成。

情、第二回・第四回はジャワ航路の開設の可能性を主な調査対象としている。それに対して、第三回の有馬唯一による調査地・海域は、サイゴン、シンガポール、ペナン、ラングーン、カルカッタ、ボンベイと広域にわたり、とりわけマラッカ海峡、ベンガル湾海域の港市や海運状況の詳細な調査を行い、それらをもとに、大阪商船による航路開設の可能性について具申している。有馬報告の原資料が入手できないために、ここでは片山邦雄の『近代日本海運とアジア』(一九九六年)にもとづいて述べる。

当時の大阪商船は、日本と東南アジア諸港市を結ぶ航路をさらにインドまで拡延することを企図していたから、ジャワからベンガル湾に及ぶ航路には非常に大きな関心を払っていたのである。[*7]

有馬唯一による主な調査の航路と海域は次のようであった。

・ボンベイ~日本間航路
・ベンガル湾海域航路
・シンガポール~ジャワ、バンコク、ベトナム間航路
・香港~サイゴン間航路
・ラングーン~日本間航路

・ラングーン〜マラッカ海峡〜香港〜中国間航路
・中国（厦門、汕頭《スワトウ》）〜香港〜マラッカ海峡間航路
・ペナン〜マドラス間航路

有馬はこの報告書の中で「カルカッタ〜マラッカ海峡〜香港間の航路は、アプカーとBIの連合線が極めて強力で、その範囲は侵しがたい」と述べ、この航路への大阪商船の新規参入については悲観的な見方を示している。[*8]

日本郵船の調査報告

ここで注目すべきは、カルカッタ航路を独占していた「強力なアプカーとBIの連合線」の実態である。BIの創業と経緯については先に触れたが、BIと並ぶアプカー商船については、その会社組織や商船の活動について、日本では広くは知られておらず、有馬報告によるものが初出と考えられる。

だが、アプカー＝BI連合によるベンガル湾航路の独占とその影響に関しては、大阪商船だけではなく日本郵船もかねてから着目していた。

一九一二年一〇月、日本郵船は調査者や報告者の不明な全四章（第一章「甲谷太港《カルカッタ》」、第二章

「蘭貢《ラングーン》港」、第三章「海峡植民地」、第四章「蘭領印度」）、全五一頁の報告書『印度及南洋地方視察概報』を作成している。その序文には次のように記されている（以下、原文は漢字以外すべてカタカナ書きであるが、筆者がひらがなに直した。また、句読点・濁点を補った）。

我国海外貿易を拡張するは、豊富なる市場に向って直通の航路を開くより切なるはなし。我社は在来海外航路の外、中部印度、幷《ならび》に、蘭領印度に向って帝国航路の及ばざるを遺憾とし、過般人を派し、蘭貢、甲谷太、海峡植民地及蘭領印度等各地を視察せしめ、其結果該方面航海の一日も忽《ゆるがせ》にすべからざるを感じ、先《まず》独力を以て甲谷太航路を開始せり。而して該派出員の報告は参考に値すべきものあるを以て、其概要を摘録し、之に略地図を添え、印刷に付す。

「先独力を以て甲谷太航路を開始せり」という具体的な内容は、BIとの厳しい交渉の結果、一九一一年にカルカッタ航路を日本郵船独自に獲得したことを示す。当時の状況について、本報告書の第二章「蘭貢港」はこう記している。

従来、甲谷太より海峡植民地及支那《ママ》、日本方面に到る航路を経営せるは、英印線（B

I）、「アプカー」線、印支線（Indo-China）の三会社にして、何《いず》れも多年此の業に当《あた》り、中に就て英印会社は印度沿岸の諸航路と共に甲谷太より蘭貢を経て新嘉坡《シンガポール》に到る線路を有し、他の二社は蘭貢に寄港せず甲谷太より直に海峡地を経て支那《ママ》日本に到るものなり。故に蘭貢寄港の線路は従来英印会社の独占したる所とす。[*9]

インド～ビルマ～シンガポール間のベンガル湾海域航路は、一九一一年まではBI社、アプカー商船およびインド・シナ商船の三社連合による寡占状態にあった。そうした状況の中で「（BIは）過般更に日本と蘭貢との直通航路を開始して我に当り、且つ最近『アプカー』線及印支線を買収して大に我と争わんとし、目下各地に於て競争最も盛んなり（中略）而して神戸、甲谷太線開始の結果、日本、甲谷太間の貿易は（一九一一年より）未だ一年ならずして既に著大の増加を示したり[*10]」（傍線は筆者による）。

翌一九一二年には、BIはアプカー商船およびインド・シナ商船を買収し、ラングーン～日本間の直行航路を開設して、ベンガル湾海域からさらに南シナ海・東シナ海航路に進出してきた。これに対して、日本郵船は三社連合（実質的にはBI主導）との競合の末に、一九一一年九月に神戸出帆の仁川《ジンセン》丸を第一船として日本～カルカッタ航路を開設した。

この航路は、隔週に一回、神戸とカルカッタをそれぞれ出港し、往路は門司、復路は上海を経由して、香港、シンガポール、ペナン、ラングーンに寄港するルートであった。一九一二年一〇月には、横浜まで航路を延長した。[*11]

さて、これまで述べてきたように、アジアの海域には「アプカー商船」の名前がしばしば登場する。だが当時、アプカー商船がアルメニア人による商船会社であることや、経営の実態が日本人の間で知られることはほとんどなかった。またインド、東南アジアのアルメニア人社会や彼らの商会・商船会社についての認識もなかった。そもそも、アルメニア人がインドのカルカッタに本拠を置いて海運業や交易を行っていること自体が、不思議な事実だと国際的にも思われていたのである。

アプカー商船の創業

ここでアプカー商船について概要を述べておきたい。時代は少しさかのぼる。

この商船会社は、一八三〇年にボンベイからカルカッタに本社を移したアプカー商会の同族会社であり、明治期を迎えた日本にも到来して横浜・神戸を拠点に日本とカルカッタの間で海運業を営んでいた。その活動についてはすでに拙稿で考察したが、[*12]詳細については改めて第7章で紹介する。

インドにおけるアプカー商会とアプカー商船の創業の経緯や創業者アプカー一族の事績については、これまでの研究ではほとんど明らかにされておらず、断片的な史実が紹介されているのみである。ここでは、①メスロプ・J・セトの史料集、[*13] ②「アプカー家系図」（デジタルデータ）を中心にアプカー家略史を紹介する。

①第2章で述べたメスロプ・J・セトの史料集『古今インドのアルメニア人』には、アラトゥーン・アプカーをはじめ、アプカー家の主要な人物についての記録がある。

②「アプカー家系図」は、一八～二〇世紀前半の手書き系図をもとにした「タイプ版系図」である。この系図の原作者は明記されていないが、アルメニア人女性のディアナ・アプカーと推定される。後述するように、ディアナ・アプカーは横浜・神戸居留地のアプカー商会の創業者アプカー・マイケル・アプカー（以下、A・M・アプカー）の妻である。[*14]

これらの系図には誤記・遺漏・錯誤などが多く、またアルメニア人に見られる特徴として、ファミリー・ネームとファースト・ネームとが繰り返し使いまわされるなど、人物の特定と識別が極めて困難であった。筆者は手書き系図を参考に、「タイプ版系図」をもとに、インドに移住したアラトゥーン・アプカー（Arratoon Apcar, 1779-1863）から三世代間のインド・東南アジア・日本におけるアプカー一族についてたどった。それが一一四～一一五頁の表である。

これらの断片的な史料を照合すると、アプカー商船について次のような概要が浮かび上がっ

アプカー家系図

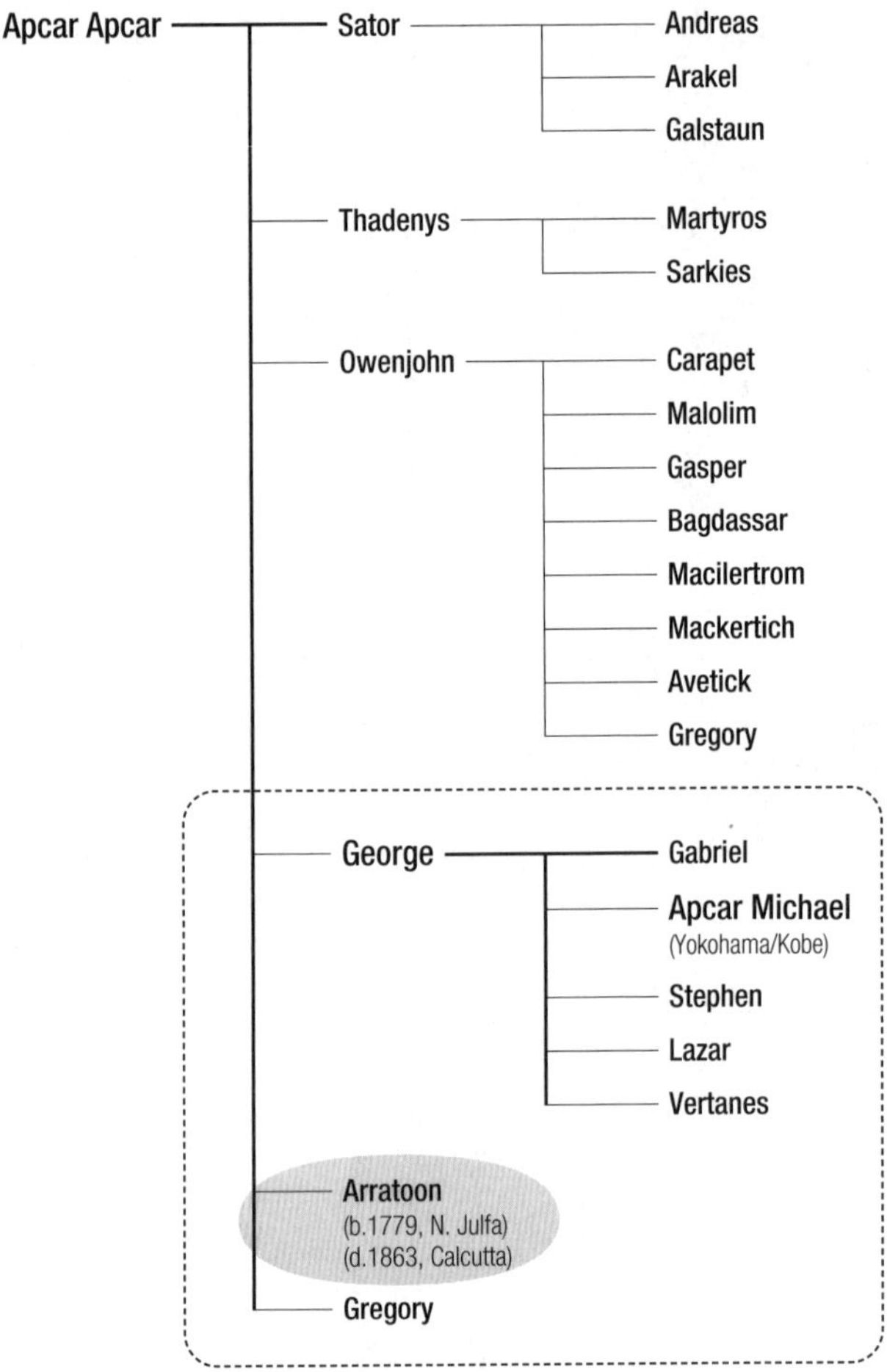
Apcar Apcar
Sator
Andreas
Arakel
Galstaun
Thadenys
Martyros
Sarkies
Owenjohn
Carapet
Malolim
Gasper
Bagdassar
Macilertrom
Mackertich
Avetick
Gregory
George
Gabriel
Apcar Michael
(Yokohama/Kobe)
Stephen
Lazar
Vertanes
Arratoon
(b.1779, N. Julfa)
(d.1863, Calcutta)
Gregory

アプカー家系図

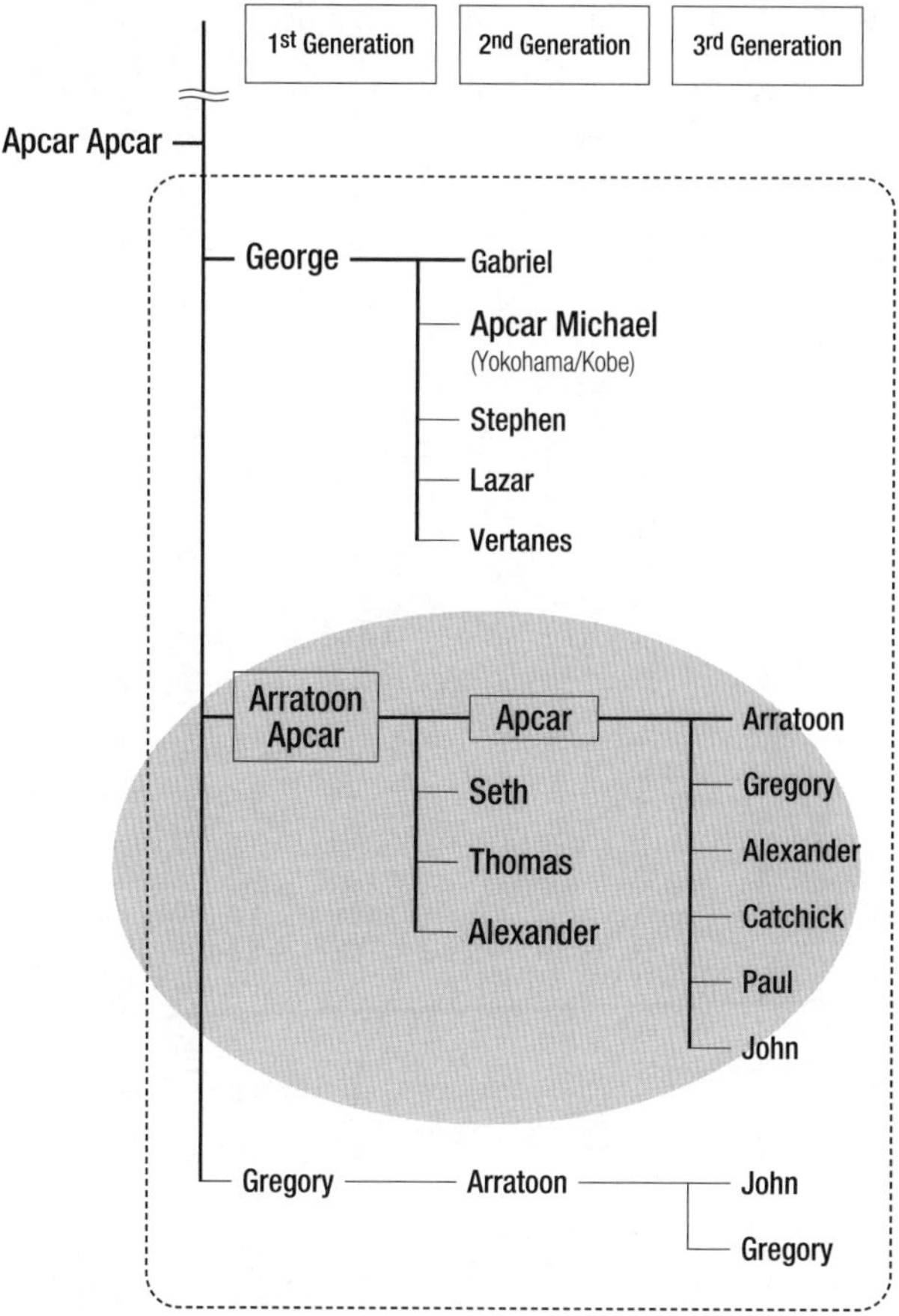

Note: all the names are only male and spouses are "unknown" in the original documents
Sources: Apcar Family Tree (the digital documents arranged and translated with some addition by Andrew Greene) in the Apcar Genealogy Collection in 2013 ©Shinji SHIGEMATSU

てくる。

①によれば、創業者アラトゥーン・アプカーは一七七九年、イスファハンの新ジュルファに生まれ、一六歳で単身渡印、ボンベイのアルメニア商人の下で商事見習いを続けた。その後、ボンベイからカルカッタに移り、一八三〇年に同地で新たに自前のアプカー商会とアプカー商船会社を創業した。[*15]

②の系図には不明な点が多いが、アラトゥーン・アプカーはアプカー・アプカーの第五子と推測される。因みに、この系図からたどる限りでは、横浜・神戸居留地のアプカー商会創業者、A・M・アプカーはアラトゥーン・アプカーの兄ジョージ・アプカーの息子に当たる。

BIリストの中のアプカー船舶

次に、一九一二年以降の「BI所有船舶履歴リスト」（以下、「BIリスト」）の記述をもとに、アプカー商船の船歴をたどってみる。

「BIリスト」とは、マッキノン・マッケンジー会社がカルカッタ・ビルマ汽船を創業した一八五六年から一九七三年までの一一八年間に所有した全船舶五〇七隻について、船舶ごとに記した詳細なデータである。データの内容は、BI登録番号、重量トン数、船材、動力、船客収容数、就航年、運航地などである。

このリストには、BIが独自に所有した船舶のほかに、合併した旧アプカー商船、中小の海運会社や個人船主を主体とするBI共同運航会社の所有船が含まれるが、それらの船は、各社が保有していた「海運同盟」による既得権を維持するために、一九六〇年代までは旧船舶会社・旧船名のままで運航されていた。[*16]

筆者の調査によれば、全五〇七隻のうち元アプカー商船の船舶は六隻である。[*17] これらの船舶は、アルメニア人海商のたどってきた歴史を反映していると考えられる。

・**ジャパン1号**（二四四〇トン）　一八七二年七月一八日就航。一八九三年にBIが購入。カルカッタ～ラングーン、モーラミャイン、ペナン間の郵便船として周航し、カルカッタ～中国、日本間にも運航していた。一八九五年九月に売却後ボンベイで解体された。『オーストラリア評伝辞典』（一九八一年）には、イギリス人チャップマン・J・クレアが一八七五～一八八〇年の間に、アプカー商船によってカルカッタから香港にアヘンを搬送したとの記述がある。[*18] 積載船名や積載量、売買先、価格、総輸出量などについては全く記録がないが、この時期に所有していたアプカー商船の記録からすると、この船はおそらくジャパン1号ではないかと推定される。

・**ライトニング号**（三三三四トン）　一八九一年一月就航、クリッパー船様式。キャビン一六室、船客一三三四人（カルカッタ～ペナン、シンガポール間の船客は主にインド人で、中国諸港～シンガポール間の船客は中国人であった）[19]。その後、一九一五～一九一七年にはコロンボ～トゥーティコリン（南インド）間に就航[20]。一九一七年五月からはペルシャ湾で「戦時徴用船」として従事。一九二二年六月二日に、大阪のヤマモト・シゲゾウ[21]に売却。その翌年、神戸にてスクラップされた。

・**キャサリン・アプカー号**（二七二七トン）　一八九二年四月二六日就航、クリッパー船様式。一等船客一四人、二等船客六人、甲板船客一三七五人。一九一三年一〇月にチッタゴン港河口に係留。一九一七～一九一九年には「戦時徴用船」として従事。一九二二年六月一〇日、タルミのシロト《ママ》・ケンシロウに売却され、シロトによってクマモト・マルと船名改称。一九二六年にタルミのシャラシ《ママ》・ヨキチ《ママ》に売却され、一九二九年に神戸にてスクラップ[22]。

・**アラトゥーン・アプカー号**（四五一〇トン）　中国互航会社（the China mutual Steam Navigation）の所有船「ハイソン（海森）号」として一八九五年一一月二〇日に就航。ロンドン～中国諸港間を運航。一等船客一四人、二等船客二七人、甲板船客一六一八人。一八九九年、アプカー商船に売却後、アラトゥーン・アプカー号と改称した。南アフリカ戦争（ボーア戦争）に軍馬運送船として徴用された。一九〇五年九月一六日、ペナン港に仮泊中にほかの船舶と衝突し小破。一九一四年、「戦時徴用船」としてボンベイ〜マルセイユ間でインド兵の輸送に従事。一九二二年、シンガポール港での中国人苦力の仮泊所に転用。一九三二年五月六日、中国人の解体業者に売却され、上海にて解体。

・グレゴリー・アプカー号（四六〇四トン）　一九〇二年一一月就航。キャビン船客二〇人、甲板船客一八〇二人。一九一四年一〇月、「戦時徴用船」としてボンベイ〜マルセイユ間でインド兵の輸送に従事した。一九二三年七月九日、イタリアのS・A・アンサルド社[*23]に売却後、ジェノヴァで解体。

・ジャパン2号（六〇五二トン）　一九〇六年九月二〇日に就航。一等船客二九人、二等船客四〇人、甲板船客二七四八人。アプカー商船最大の優雅な貨客船。一九一七〜一九一九年に「戦時徴用船」として従事。一九二二年三月三〇日、香港停泊中に貨物火災が発生したが、損傷はなかった。一九二六年に日本人（氏名不詳）に売却され、一九二八年に引き渡し、最終的に日本で解体（港名不詳）。

一九一四〜一九一八年の第一次世界大戦に「戦時徴用船」として徴用されたＢＩ社の船舶は一〇九隻であった。そのうち元アプカー商船の船舶は、ジャパン1号を除く五隻である。[*24] 実際、一九一四年以降、神戸・横浜に来航する船舶の中には、これら五隻の船は見当たらないのである。

註

＊1　宮本清四郎『海運同盟――The Shipping Conference』海文堂、一九五六年、一〜五頁
＊2　宮本、一九五六年、三七〜三九頁
＊3　宮本清四郎『世界の海運同盟』教育社、一九七八年、五三頁
＊4　Laxson, W. A., and Perry, F. W. (eds.), *B.I.: The British India Steam Navigation Company Limited.*, the World Ship Society, 1994, pp.11-13
＊5　宮本、一九七八年、五四〜五五頁
＊6　片山邦雄『近代日本海運とアジア』御茶の水書房、一九九六年、二五四〜二八七頁
＊7　『大阪商船株式会社八十年史』大阪商船三井船舶株式会社、一九六六年、二九六頁

*8 片山、二七五〜二七六頁
*9 日本郵船『印度及南洋地方視察概報』日本郵船株式会社、一九一二年、一三〜一四頁
*10 日本郵船、一四〜一五頁
*11 日本経営史研究所編『日本郵船株式会社百年史』日本郵船、一九八八年、一六八〜一六九頁
*12 重松伸司「アルメニア海商の近代日本——アプカー商会と居留地交易1」『追手門学院大学国際教養学部紀要』第一〇号、二〇一六年
*13 Seth, Jacob Mesrovb, *Armenians in India : from the Earliest Times to the Present*, 1992 (reprinted by Asian Educational Service, originally 1895)
*14 大山瑞代「アルメニア人アプカー一家の三代記」、横浜外国人社会研究会・横浜開港資料館編『横浜と外国人社会——激動の20世紀を生きた人々』日本経済評論社、二〇一五年、一二七〜一五六頁、重松伸司「幕末・明治期における在横浜・神戸アルメニアン・コミュニティ——アプカー商会論」『追手門学院大学国際教養学部アジア学科年報』第七号、二〇一三年
*15 Seth, pp.126-127
*16 Laxson et al., p.111
*17 Laxson et al., pp.76, 111-113
*18 Zwillenberg, H. J., Clare, Chapman James (1853-1940), in *Australian Dictionary of Biography*, vol.8, 1981
*19 インド人船客の多くはシンガポールの港湾労働者およびマレー半島の砂糖、ゴム、コーヒーな

どのプランテーション労働者で、また中国人船客の大多数は苦力であった（重松伸司『国際移動の歴史社会学――近代タミル移民研究』名古屋大学出版会、一九九九年）。
＊20　セイロンへのタミル人移民の多くは、茶栽培労働者であった（重松、一九九九年）。
＊21　一九一八年、大阪市南区（現在の中央区南部）に設立された山本鋼業の鉄鋼部を会社組織にした山本藤助商店の代表取締役の一人、山本繁蔵であろう（『山本家創業八十周年小史』山本鋼業総務部、一九五二年）。
＊22　兵庫・垂水の白田謙四郎によって「熊本丸」に船名改称、一九二六年には、東京市日本橋の五十嵐與助が船主であったと考えられる（逓信省管船局編『大正十二年日本船名録』帝国海事協会、一九二三年、海商社編『大正十五年版船主別日本船名録』東邦書院、一九二六年。以上は神戸居留地研究会会員頼定敬子氏の資料提供による）。
＊23　S・A・アンサルド社は、一八五三年にジェノヴァに設立されたイタリア有数の機械製造会社と考えられる。
＊24　Laxson et al., p.25

第6章　アルメニア商船の日本就航

カルカッタに本社を置くアルメニア商船が、ベンガル湾沿岸一帯での運航からさらに南シナ海、東シナ海を経て初めて日本に就航するのは、明治中期のことである。アルメニア商船の船舶名や寄港時期および航路について、日本側の記録からたどってみたい。

居留地記録のアプカー商船

横浜外国人居留地に関する文献に初めて「アプカー商船」の名前が現れるのは、一八八八年の『ジャパン・ディレクトリー』[*1]（第一〇巻）であるが、それは「バーナード商会の代理店」としてであった。この記録がアルメニア商船の初来航であろう。

その後は、一八八九年（第一一巻）、一八九〇年（第一二巻）、一九〇四年（第三一巻）、一九〇六年（第三五巻）、一九〇七年（第三七巻）、一九〇九年（第四一巻）の『ジャパン・ディレクトリー』に「カルカッタ海運会社アプカー商船」の社名で記録されている。[*2]

しかし、神戸の居留地には一八九八～一九一二年までアプカー商会の名はあるが、アプカー商船の記録はない。大正後期に刊行された『神戸海運五十年史』には、海外の「海運会社」三三社の中にＢＩやＩＣＳＮ（インド・シナ商船）とともにアプカー商船が明記されている。[*3]

この章では、これまで横浜・長崎の記録に比べてほとんど研究のなかった神戸における、特にアルメニア商船の入出港に焦点を当てて検討してみる。

明治後半から大正期にかけての国内・国外船の入出港に関しては『コーベ・ウイークリー・クロニクル』およびその後継の『ジャパン・ウイークリー・クロニクル』の英字週刊紙[*4]がある。両紙の入出港船舶に関する情報の様式・内容について簡単に説明しておく。

まず、両紙の号数であるが、一週を一号として、毎号末に「シッピング・リスト（神戸入出港船舶情報）」を掲載している。

「シッピング・リスト」の項目は、週ごとの入港日、船名、船籍、形式、トン数、船長名、出発港、船主、代理店、出港日、目的港、積載品の一覧である。

このリストから、神戸に入出港する船数は月および週によって変動はあるが、毎週平均五〇隻の入港および出港があり、年間の入出港船は延べ五〇〇〇隻程度であることがわかる。

筆者は神戸市文書館所蔵の『コーベ・ウイークリー・クロニクル』縮刷版の全巻（一八九七年七・八月～一九〇一年一一・一二月）および神戸市中央図書館所蔵の『ジャパン・ウイークリー・

クロニクル』縮刷版七七巻（一九〇二年一・二月〜一九一四年九・一〇月）を参照し、各号末のシッピング・リストに収録された神戸入出港船舶、延べ約六万隻をチェックして、アプカー商船に関係する船舶を抜き出した。

アルメニア商船の神戸入出港

一九一四年には第一次世界大戦の勃発によって外国船舶の入出港が減少するのだが、一八九七年からそれまでの記録をたどると、神戸入出港の船舶の中でアプカー商船（後にBI、さらに後にはP&Oに所属）の船舶やアルメニアに関連する船名は次のとおりである。

・ジャパン号（二七九六トン／四三一九トン／六〇一二トン）
・アルメニア号（三四九八トン／五四七一トン）
・アラトゥーン・アプカー号（二九三〇トン／四五一〇トン）
・グレゴリー・アプカー号（四六〇〇トン）

同一船名が複数存在する船舶は、トン数が異なるものをそれぞれ別の船舶として、仮にⅠ・Ⅱ・Ⅲ号とし、先述の「BIリスト」と照合しつつ検討する。

一八九八〜一九一四年にはジャパンⅠ号（二七九六トン＝「ＢＩリスト」のジャパン1号か）、同Ⅱ号（四三一九トン）、同Ⅲ号（六〇一二トン＝「ＢＩリスト」のジャパン2号か）、アルメニアⅠ号（三四九八トン）、同Ⅱ号（五四七一トン）、アラトゥーン・アプカーⅠ号（二九三〇トン）、同Ⅱ号（四五一〇トン＝「ＢＩリスト」のアラトゥーン・アプカー号か）、そしてグレゴリー・アプカー号（四六〇〇トン＝「ＢＩリスト」のグレゴリー・アプカー号か）の計八隻が、延べ九〇回以上入出港している。

そのうちアプカー商船の所有船舶としては、ジャパンⅠ・Ⅱ号が一八九八〜一九一〇年の間に三〇回以上、ＢＩに売却後の一九一二年を挟んで一九〇七〜一九一四年の間にジャパンⅢ号が二七回、アラトゥーン・アプカーⅡ号が二六回、入出港を繰り返しており、この間二隻だけで年間平均六回以上の入出港が見られる。特に、明治末年から大正にかけての来航が著しい。

一八九八〜一九〇七年の一〇年間は主にＰ＆Ｏを船主として来航しており、主としてロンドン〜（アントワープ〜香港）〜神戸〜横浜間を周航している。また一九〇七〜一九一四年の間の運航はもっぱらブラウン商会を船主とするカルカッタ〜神戸の周航であった。

カルカッタ航路の寄港地・所要日数を参考までに記すと、アプカー商船の船舶ではないが、イギリス船籍のナムサン号の一九一二年の航海記録（ログ）によれば次のようであった。[*5]

・カルカッタ～ペナン　六日
・ペナン～シンガポール　二日
・シンガポール～香港　七日（シンガポール港での検疫停泊日数は不明）
・香港～上海　三日
・上海～神戸　三日

アプカー商船と有力商会

アプカー商船・商会は居留地における外国企業の中では、家族経営の弱小組織にすぎなかった。単独の商会として活動するには、航路、寄港地、現地取引先、取引商品、各商会の商慣習などに大きな制約があったと考えられる。

活路の一つは、横浜・神戸・長崎などの有力商会、とりわけイギリス系の商会と提携し、居留地での代理店業務を通じて自らの権益を守ることであった。実際、アプカー商船・商会が提携関係を維持していたのは、ジャーディン・マセソン商会のほかに、C・イリス商会、コーンズ商会、ホーム・リンガー商会、ブラウン商会、バーナード商会などの有力商会であった。次に、神戸との関係を中心にこれら商会の主な事業について見てみよう。

C・イリス商会とアルメニア号

神戸に五回来航したアルメニア号は、ほかの船舶がイギリス船籍であるのに対してドイツ船籍である。民族名のアルメニアを船名とするからには、アルメニア人と何らかの関係があったと考えられる。だが同船がアプカー商船からの傭船であったかどうかは不明であり、アプカー商船による売却の記録もない。C・イリス商会とアプカー商会との関係をうかがわせる史料としては、次章で触れる一八九三年刊行の『横濱貿易捷径《しようけい》』の「(横浜外国人居留地)七十番館普商　アプカー商会、館主　エ、エム、アプカー」の記録である。A・M・アプカーは、後述するように墓碑銘ではロシア人だが、商号では「普商」つまりプロイセンの商人を名乗っている。当時のプロイセン(ドイツ)と関係を築いていたことが推定される。

ともあれ、アルメニア号はC・イリス商会を船主として、一八九八年にハンブルク〜神戸二往復、一九〇四年にハンブルク〜神戸〜門司間と、ハンブルク〜神戸〜アントワープ間を各一回運航しており、一九一三年には横浜から神戸に寄港してハンブルクに向かっている。

ところで、C・イリス商会とはどのような商会であったのか。同社の「社史」には商会設立の経緯や経営者・事業内容について、創設期から昭和中期にかけて記録されている。しかし、航海・通商に関する報告や領事報告では、ドイツ〜東アジア間の定期航路およびハンブルクのドイツ汽船会社「キンシン・ライン」についての言及はあるが、アルメニア名船舶の記述は全くない。[*6] いったいなぜアルメニア号という船名を持つ船舶をC・イリス商会が保有（あるいは傭船）していたのか、またC・イリス商会とアプカー商会（あるいはほかのアルメニア人商会）との関係はどのようであったのか、そして神戸・横浜への入出港の経緯などについては明らかになっていない。

ここでC・イリス商会について概要を述べておきたい。

社史によれば、同商会の前身は、オランダ治下のバタヴィアで交易を行う商会に属していたドイツ・ラインラント出身のルイス・クニフラーが、一八五九年にプロイセン商人を中心に長崎で創業したL・クニフラー商会である。開港前の長崎に商会を設けることができたのは、おそらくは出島のオランダ貿易の保護を利用したものと思われる。商会は幕末から明治にかけて、武器、弾薬、軍用船などを日本に輸入し、土佐藩など倒幕勢力の後ろ盾となった。帰途ドイツへの船荷には菜種、蜂蠟《はちろう》、植物性蠟、橙皮《とうひ》、アーモンド、没食子《もつしよくし》、たばこ、原綿、ガラス製品、石炭、茶などがあった。[*7]

クニフラーのドイツ帰国を契機に、一八八〇年三月三一日以後は、一八七三年から同商会のパートナーとなっていたカール・イリスを代表者として商会を継承し、新たにC・イリス商会と名を変え、もっぱら明治政府のインフラ事業関連の政商として独占的に活躍した。

コーンズ商会とP&O

コーンズ商会とアプカー商船との間に直接の関係を示す史料はないが、一八九八年から一九〇六年にかけて、もっぱらP&Oを船主として、ジャパンI号が神戸に来航している。

コーンズ商会はジャーディン・マセソン商会に次ぐ居留地の老舗商会であった。同商会はロンドンに本社を置き、横浜で創業された貿易会社で、マックルズフィールド出身のフレデリック・コーンズとウイリアム・アスピノールとによって一八六一年四月に「アスピノール・コーンズ商会」として設立され、主に生糸と茶を日本から輸出、木綿、羊毛製品をイギリスから輸入していた。また一八六八年にはロイズの日本最初の海上保険代理業務を、またP&Oの海運代理業務を一手に引き受けることになった。

アスピノールの引退後、商会は一八七三年にコーンズ商会と改称して、主に横浜から生糸、茶、羽二重の輸出を、そしてロンドンからは木綿、金属、石炭などの輸入を行っていた。[*8]

コーンズ商会は横浜居留地五〇番地に事務所を構え、ロイズ海上保険をはじめ、海運・海上保険の代理業務を一手に担っていた。[*9]

またコーンズ商会は、神戸では一八六八年に居留地一番館を購入、その後海岸通り七番館に移転し、一八八六年からはインド・ロンドン・中国・チャータード商業銀行、ランカシャー火災保険会社代理店、一八九七年にはイースタン・アンド・オーストラリアン商船の保険代理店として多角的なビジネスを展開していた。[*10]

ブラウン商会とアプカー商船

一八六八年、神戸開港の数日前のことであるが、横浜から到来したアイルランド人がいた。ヘンリー・セント・ジョン・ブラウン、後のブラウン商会の創業者である。爾来《じらい》二九年間、神戸居留地に商会を置いて事業を展開し、その間居留地会議の行事（市議会）委員、商議会会頭として活躍し、一八九七年九月五日、六甲山にて六三歳で人生の幕を閉じた。以上は同氏の死亡記事による。[*11]

一八六八年から一八七七年までのブラウンの足跡は明らかではない。だが、一八七八年以降は海運業・海運保険・銀行の代理業を皮切りに各種商品の交易を行った、異業種・多角的事業の実態が浮かび上がってくる。

ブラウン商会は一九〇七年から一九一四年まで、アプカー商船のジャパンⅢ号とアラトゥーン・アプカーⅡ号の二隻を少なくとも五〇回以上傭船しており、カルカッタ〜神戸航路ではもっぱらアプカー商船を利用していたと考えられる。

両者の関係を直接に示す史料はないが、一九一一年の『神戸商工録』によれば「ブラウン商会—BI、アプカー商船、ロシア義勇商船会社の代理店」と紹介され[*12]、また二〇世紀初頭に作成されたと見られる門司の「港湾案内地図」には「ブラウン商会—アメリカ・アジア商船会社、アプカー商船会社、オーストリア・ロイズ商船、BI、中国東方鉄道会社、グレン商船会社、帝国同盟保険会社、ロイズ（下関）会社、海上保険会社、北中国保険会社の代理店」と記されている[*13]。

また、『香港ディレクトリー・アンド・クロニクル』の一九一五年版の「門司・下関」の章には、「ブラウン商会・商人・門司・アプカー商船代理店」と明記されており[*14]、ブラウン商会の門司支社がアプカー商船の代理業を行っていたことは明らかである。

ところで、ブラウン商会とはどのような商会であったのだろうか。

『ジャパン・ディレクトリー』にもとづく神戸居留地商館の記録[*15]によれば、一八七七〜一九一九年の間に、居留地二六番地に商館を置いて、イギリス・海外海上保険会社、中国火災保険会社の代理業を皮切りに、織物、毛布、鋼鉄、砂糖、綿糸、綿花の輸入、さらには物品、機械、鉱石売買の事業にも手を広げていき、この間、五七番地、五八番地、六五番地には倉庫を保有していた時期もある。このように同商会は神戸居留地に店舗を拡大しつつ、事業を展開していたことが明らかである。

また、私家版の居留地研究資料[*16]は、同商会が次のように海運、保険、銀行、炭鉱など、さまざまな業種の企業の代理業を行うとともに各種の交易を行っていたことを記している。「ロンドン・中国火災保険会社、広東・ユニオン保険会社、イギリス・海外海上保険会社、ロンドン・フェニックス火災保険会社、ロンドン・東洋汽船運輸保険会社、ロンドン海上保険会社、インド・オーストラリア・中国チャータード銀行、香港火災保険会社、フランス郵便汽船会社、カナダ太平洋汽船会社、墺・洪ロイド汽船会社、シンガポール保険会社、スタンダード生命保険会社、高島（三菱）炭鉱会社、アラビアライン汽船会社、カレドニア保険会社、豪州・ロイド汽船会社、海峡火災海上保険会社、ロシア義勇商船会社、コマーシャルユニオン保険会社、スタンダード生命保険会社、オーストラリア・チャイナ海上保険会社の各種代理業、新オリエンタル銀行整理業務、綿糸、綿花の輸入、米穀、マッチの輸出などの交易、兵庫瓦斯《ガス》、兵庫製氷会社の主幹会社」

さらに先述の『神戸商工録』によれば、一九一一年には「洗浄ソーダ、石炭の輸出、原綿の輸入」も手掛けていた。[*17]

また、ブラウン商会は貿易・金融・代理業にとどまらず、インフラ整備にも関わる事業を行っていた。一八七二年六月にはブラウン商会を中心に四つの商会を発起人として株主を公募し、「兵庫瓦斯」（後に神戸瓦斯に買収され、さらに神戸瓦斯は大阪ガス株式会社と合併）を設立し、[*18]一八七四年からガス灯が点灯された。

また一九〇一年には神戸港の浮きドック建設にあたって、その初期の設計をクラーク・アンド・スタンフィールド商会に仲介するなど、[19] 神戸港の近代化に貢献した。ブラウン商会について特筆すべきは、このようにエネルギー・港湾事業などのインフラ整備にも力を入れていたことである。

バーナード商会

アーサー・バーナード（Arthur Barnard）が設立したバーナード商会は、一八八八年前後に横浜居留地七五番地に事務所を置いていた。[20] しかし、その後は横浜の『ジャパン・ディレクトリー』には商会の名は現れない。横浜における商会としての業務・業態は史料に乏しく、詳細は不明であるが、断片的な史料によると貿易会社として記され、サッスーン商会とパートナーを組んでいたようである。一八六七〜一八六八年に横浜から五七俵《ベイル》、一八六八〜一八六九年に三〇五俵の生糸を輸出している。[21] このことから横浜では主に生糸の輸出を行う商社であったと考えられる。

神戸居留地ではアーサー・バーナード創業の「バーナード商会」とは別に、もう一つのバーナード商会（Bernard & Co.）が活躍していた。イギリスのサマセット州ラングポート出身のチャールズ・バートン・バーナードの創業による商会である。一八七五年にブラウン商会の茶業担当として横浜に来航したチャールズ・バーナードは、同商会に勤めた後、バーナード商会として独立し、茶の輸出で成功した。このバーナード商会は経済活動とともに、神戸での文化活動が注目される。チャールズ・バーナードは実業家の経営手腕とともに絵画の才にも優れており、明治初期の神戸を描いた水彩画数点を残した画人としても知られている人物である。[*22]

ホーム・リンガー商会とアプカー商船

長崎の商会については、グラバー商会が広く知られている。だが、ホーム・リンガー商会はグラバー商会をはるかにしのぐ有力な商会であった。この商会の全容については必ずしも広く知られているわけではないが、すでに史実を詳細に記した文献が公刊されており、[*23]ここではその概要について紹介するにとどめ、アプカー商船との関係に触れておきたい。

ホーム・リンガー商会は、当初はトーマス・グラバーの下で茶の輸出に携わっていたフレデリック・リンガーがイギリス東部ノーリッジの同郷エドワード・Z・ホームとジョン・C・スミスと共同で、一八六八年一一月二日に創業したイギリス系商会である。グラバーの主力事業であった製茶・輸出業を引き継ぎ、さらに海運、保険業、銀行、炭鉱技術の導入、造船資材の輸入、捕鯨業、ホテル業も行うなど、長崎最大かつ明治期日本の多角的な複合企業の先駆けとなった。

アプカー商船との関係について見れば、ホーム・リンガー商会が代理店であった主要な海外企業の一社として、契約汽船会社四九社の中に「アップ《マ》カー《マ》・ライン（Apcar Line）」が含まれている。[*24] また、フレデリック・リンガーの慧眼《けいがん》は、今後日本海を通る外国航路が発展すると見越したことであり、その寄港地として門司、下関に着目した。しかし、両港は条約による開港場に含まれていなかったために、外国商社が立ち入る余地はなく、瓜生寅《うりゅうはじむ》と提携し、「瓜生商会」を設立した。[*25] そして、これらの港に同商会の代理会社としてアプカー商船が進出したのである。

アルメニア商船の長崎入出港

ところで、アプカー商船は長崎でどのような役割を果たしたのだろうか。

一八六八年から一九二七年の間、長崎に入出港した全外国船舶延べ約五万四〇〇〇隻についての網羅的な資料がある。[*26] その内容は船名、船籍、型式、総トン数、船長、長崎入港日・出港日、出発港・目的港、船主・代理店・取扱店、積荷に関する詳細な記録である。

この資料によれば、一八九五〜一九二四年の間にアプカー商船船舶が二五回長崎港を入出港しており、特に一八九九年、一九〇〇年、一九〇七年、一九一四年には年間二〜四回の入出港を繰り返している。また、一八九五〜一九〇三年にはジャパンI号が、一八九九〜一九一四年には同一船名で前述とは異なる船舶のアラトゥーン・アプカー号が断続的に、そして一九一四年、一九二四年にはジャパンII号が、一九〇七年、一九〇八年にはグレゴリー・アプカー号が入出港を行っている。これらの船舶は先述したBI所有船と考えられ、同商船のカルカッタ航路および南シナ海・東シナ海航路をアプカー商船が担っていたと考えられる。

特別輸出港とアプカー商船

アプカー商船の長崎入出港記録には、ある傾向が見られる。それは一八九九年、一九〇〇年、一九〇七年、一九〇八年に門司港の入出港が増えており、長崎、門司を拠点としたアプカー商船による新たな事業の一端が現れてくる。それは本章の前半で分析したインド・イギリス向けの国際交易とは異なる海運事業である。

前述の五隻はすべてイギリス船籍であり、上海と香港を起点港に、長崎を寄港地にして、上海〜門司・神戸・横浜、厦門・三角《みすみ》（熊本）間を往来していた。記録から見る限りでは、P&Oの傭船として神戸・横浜への寄港だけでなく、門司への入出港も増えている。両港にはすでにP&Oをはじめ日本郵船や東洋郵船などの有力商船会社が拠点を構えており、弱小のアプカー商船はP&Oの下請け傭船以外にも新たなチャンスを模索していたと考えられる。

ではなぜ門司や三角といった旧開港場以外の新興港を寄港地としたのか。

日米修好通商条約（一八五八年）によって、外国貿易が認められたのは「開港場」である箱館（函館）、長崎、神奈川（横浜）、新潟、兵庫（神戸）および大阪（川口）であった。明治初年から中期まで、海外交易の場はこれら開港場（条約港）と、一八八四年に施行された朝鮮貿易に特化した博多、下関、厳原《いづはら》（対馬）の「特別貿易港」であった。

しかし、明治以降の急速な近代産業の発展に伴い、日本の資源輸出、とりわけ、米、麦、麦粉、石炭、硫黄《いおう》の五品目に限っては輸出促進を目的として、一八八九年から開港場・特別貿易港以外の港湾での出入が認められるようになった。[*27]

これらの港は、「日本船もしくは日本人雇入れの外国船」によって「直接海外に輸出する」ことを条件に、「産出地に近い港湾」と定められていた。この条件に該当したのが、四日市、博多、口之津、三角、小樽《おたる》、下関、門司、唐津、伏木の九港であった。一八九八年七月には、輸出品は当初の五品目から、さらに木炭、セメント、硫酸、マンガン鉱、晒粉《さらしこ》の五品目が追加された。

門司、三角はこれら「特別輸出港」に含まれており、輸送品も産出地の利を得た石炭、バラストと許可品目の「雑貨」であった。アプカー商船が一八九九年以降、集中的に門司（そして一度のみ三角港）を寄港地としたのは、大手海運会社の参入しないこれら「特別輸出港」での資源輸出への参入で利権を求めるという「ニッチ交易」の戦略ではなかったかと考えられる。

註

＊1　復刻版として、以下の資料がある。立脇和夫監修『幕末・明治　在日外国人・機関名鑑』全四八巻、ゆまに書房、一九九六～一九九七年。本書では、この復刻版に拠った。

＊2　重松伸司「アルメニア海商の近代日本――アプカー商会と居留地交易1」『追手門学院大学国際教養学部紀要』第一〇号、二〇一六年、九六頁。SHIGEMATSU Shinji, An Armenian Maritime Merchant in Modern Japan: The Apcar & Co. and the Foreign Settlements in Kobe and Yokohama, in Ueda, Makoto(ed.), *Regional States and the Identities of Overseas People*, the Occasional Paper no.15, Centre for Asian Area Studies, Rikkyo University, 2019

＊3　神戸海運業組合編『神戸海運五十年史』一九二三年、九〇～九三頁。本資料の発行者は、第8章に登場する神戸海運業組合代表者組合長の勝田銀次郎である。

＊4　『コーベ・クロニクル』は一八九一年一〇月、ロバート・ヤングによって神戸で創刊された日刊英字新聞。一八九四年一〇月から一八九六年八月まで小泉八雲が社説を担当。同紙は一八六八年にポルトガル人フィロメノ・プラガが創刊した『ヒョーゴ・ニュース』（後一八九九年に『ヒョーゴ・イヴニング・ニュース』に改題）を吸収合併し、一九〇五年に『ジャパン・クロニクル』と改題。さらに一九四〇年には『ジャパン・タイムズ』に吸収された（天野健次「神戸居留地と在留外国人」『歴史と神戸』第二二巻第二号、一九八三年）。

＊5　イギリス船籍ナムサン号の航海日誌（在神戸英国総領事館資料、No.13, Confidential Report of February 14, 1912)

＊6　佐藤哲彦解説『社史で見る日本経済史』第七一巻（『イリス商会創業百年史』復刻版）、ゆまに書房、二〇一四年、六九～七三頁

＊7　同前、三八～三九頁

＊8　鈴木芳徳「コーンズ商会（Cornes & Co.）関係文書について」『商経論叢』第三〇巻第一号、一九九四年、天野、一九八三年

＊9　佐々木茂市蔵版『日本絵入商人録』一八八六年

＊10　田井玲子『外国人居留地と神戸――神戸開港150年によせて』神戸新聞総合出版センター、二〇一三年、一九五頁

＊11　Kobe Weekly Chronicle, 1897.9.11

＊12　『神戸商工録（The Kobe Trade Directory）』一九一一年、二一八頁

＊13　『日本国門司港湾案内　解説書』（遠城明雄、ゼンリン、刊行年不明）によれば、一九〇六～一九〇七年頃の地図と推定される。

＊14　*The Directory & Chronicle for China, Japan, Corea, Indo-China, Straits Settlements, Malay States, Siam, Netherlands India, Borneo, the Philippines, &c.*, the Hong Kong Daily Press, 1915

＊15　「神戸外国人居留地内商館等の変遷」、田井、一九四～二二四頁

＊16　中尾房史『神戸外国人居留地・居住者の変遷（上）』私家版、刊行年・刊行者不詳

＊17 『神戸商工録』、一九九頁
＊18 西川和機「外資系企業『兵庫ガス会社』の設立」『居留地の窓から』第八号、二〇一三年
＊19 神船75年史編集委員会編『三菱神戸造船所七十五年史』三菱重工業神戸造船所、一九八一年、三頁
＊20 Japan Directory, vol.10(1888)
＊21 「横浜港輸出生糸統計」1867―68、1868―69（the Japan Times, Overland Mail, 1868.7.25 および 1869.7.12 所載）、鈴木、七〇～七一頁
＊22 オーストラリア国立図書館所蔵の「H・S・ウイリアムズ・コレクション」に多くが収蔵されている。
＊23 ブライアン・バークガフニ著、大海バークガフニ訳『リンガー家秘録 1868―1940』長崎文献社、二〇一四年、岸川俊明『リンガー、池上&長崎英国領事館――長崎幕末渡来の静かなる英国人 日本・スイス国交樹立150周年の節目に』RIS、二〇一四年
＊24 バークガフニ、二九〇頁
＊25 バークガフニ、一五五～一五八頁
＊26 木下孝「明治～昭和期の長崎出入港船舶全記録」私家版、二〇二〇年
＊27 明治二二年法律第二〇号「特別輸出港規則」

第7章　アルメニア商人の居留地交易

一八八一年五月四日、神戸港を発ち横浜に向かう「Tokio-maru」の船客名簿にアプカーという名が見られる。[*1]

七年後の一八八八年、横浜外国人居留地の商会名簿に「カルカッタ海運会社アプカー商船」、一八九五年には「A・M・アプカー商会」の社名が掲載された。その三年後の一八九八年には神戸外国人居留地の商会名簿にも初めて「カルカッタ海運会社アプカー商船」と「A・M・アプカー商会」の名が登場し、その後、いくつかの史料に頻繁に現れることになる。アプカーという人物は何者であり、アプカー商会という企業は明治日本でどのような活動をしていたのだろうか。本章では拙稿（「幕末・明治期における在横浜・神戸アルメニアン・コミュニティ」二〇一三年、「アルメニア海商の近代日本」二〇一六年）に補訂を加えて考察する。

アルメニア人、A・M・アプカー

横浜山手外国人墓地には、アルメニア人のアプカーなる人物の墓誌が保管されている。その墓誌は、A4判一枚タイプ打ちで、墓域、被埋葬者の姓名、国籍、没年、種別（性別）、資料（分類）記号、備考の順に頭書が記されている。それに続いて、故人の死因、生前の業績などが列挙されており、故人追悼の献辞が続く。そして末尾には典拠である一九〇六年一二月一日付の英字週刊新聞『ジャパン・ウイークリー・メール』紙の略記「J.W.M.Dec.1.1906」と手書きされている。

アプカー一家についてはすでに家族史についての論考がある。[*2] しかしここでは改めて事業史の側面からアプカー一族の足跡をたどる。

横浜山手外国人墓地の墓誌全文は次のような内容である。

〈頭書〉

墓域：第一四区
姓：Apcar　名：A.M.
国籍：Rus.（ロシア）　没年：一九〇六

種別：Mr
資料：D
備　考：アプカ《ママ》商会主、神戸グレート・イースタン・ホテル経営

〈本文〉

「A・M・アプカー氏急逝の訃報がもたらされた。木曜日の早朝、神戸のグレイト・イースタン・ホテルで突然、卒中に見舞われたという。同氏は火曜日に横浜から帰宅し、水曜日も平時と変わらず、夕食後数人の知人と歓談し、午後一〇時頃には床についた。数分後に、ボーイの一人が支配人を呼びに走り、マーティン医師が駆けつけると、意識不明の同氏が発見された。急きょキルパトリック医師が呼び出されたが、なす術《すべ》もなく午前一時半にアプカー氏はみまかった。

　故人は五十数年前にイスファハンで生まれたアルメニア人で、著名なアプカー商船の経営者一族に連なる。『コーベ・ヘラルド』紙によれば、二五年前、同氏は香港で事業を成功させ、一〇年あまり同地に滞在した。その後、横浜に進出してアプカー商会を創業し、大々的に輸出入業を展開、神戸および東洋《イースト》と西欧の港市にも複数の支社を置いた。五年ほど前、同氏はさら

なる精力を神戸のグレイト・イースタン・ホテルの創業に傾けた。（ホテルは）元々栄町にあったが、ほぼ一年後には現在の手ごろな地に移った。

アプカー氏はまたその一、二年後に、塩屋のビーチハウス・ホテルを取得し、多くの時間をこのホテルで過ごした。しかし、同氏の本業は、アプカー商会の経営であり、ホテルは、もっぱら支配人に委ねられていた。故人は香港ではフリーメイスン会員として知られ、神戸では同協会支部《ロッジ》の一員であった。

アプカー氏は社会的・公的な活動については、必ずしも著名な人物ではなかったが、巷間よく知られており、その死が悼まれる。アプカー夫人および三人の子息の心痛に多くの同情が寄せられるであろう」

J.W.M.Dec.1,1906

この墓誌からは次のような事実が浮かび上がってくる。

第一に、アプカーなる男性は、一八五〇年代にイランのイスファハンで生まれたロシア国籍の人物。

第二に、商会のほかに、神戸および近郊の塩屋でホテルを経営。

第三に、有力なアルメニア海運の経営者一族であり、香港での事業に成功の後、横浜でアプカー商会を興し、神戸や海外の港市でも支社を経営。

第四に、香港および神戸では有力なフリーメイスンの会員。[*3]

このアプカーなるアルメニア人がどのような事業を展開していたのか、次にほかの史料から考察してみる。

『ジャパン・ディレクトリー』に見るアプカー商会

『ジャパン・ディレクトリー』[*4]や商工録は明治・大正期の横浜・神戸の居留地や雑居地に在留していた外国人の事業活動を知る貴重な史料である。

この史料をもとに、アプカー、アプカー商会、アプカー家に関する項目を筆者が逐一抽出したものが一四七～一四八頁の「横浜・神戸アプカー商会事業年表」である。

以下、この「年表」からアプカー商会の横浜と神戸における経営をたどってみる。

横浜アプカー商会の変遷

A・M・アプカー夫人ディアナ・アプカーが作成した「ディアナ年譜[*5]」によれば「一八八九年六月一八日、ラングーンにて結婚、同年日本へ新婚旅行」の記録があり、それは長崎の在留外国人向け英字紙の乗船名簿からも確認できる。[*6]

横浜・アプカー商会事業年表

筆者作成

	JD巻数	商会名・業種	商会主・代理店名	所在地
1888(M21)	vol.10	Apcar Line of Calcutta Steamers	Agent(A .Barnard)	75
1888(M21)	vol.10	Barnard, Arthur		19 Bluff & 75
1889(M22)	vol.11	Apcar Line of Calcutta Steamers	Agent(A. Barnard)	75
1890(M23)	vol.12	Apcar Line of Calcutta Steamers		75
1895(M28)	vol.17	A. M. Apcar & Co., Merchants and Commission Agents	A. M. Apcar, Z.Yoshida H. Nakamura	49
1895(M28)	vol.17	Apcar & Co., A. M.		49
1895(M28)	vol.17	Apcar, A. M., A. M. Asper & Co.		49 & 140 Bluff
1895(M28)	vol.17	Apcar, Mrs. A. M.		140 Bluff
1899(M32)	vol.21	Apcar & Co., A. M.	A. M. Apcar	49
1899(M32)	vol.21	Apcar & Co., A. M.	A. M. Apcar	224 Bluff & 49
1899(M32)	vol.21	Apcar, Mrs. A. M.	Apcar, Mrs. A. M.	224 Bluff
1899(M32)	vol.21	Apcar & Co., A. M.	Apcar G. J.	49
1903(M36) 下	vol.29	A. M. Apcar & Co., General Merchant Commission Agents	A. M. Apcar, Z. Yoshida, G. Ishiwata, M. Katakiri	49
1904(M37) 下	vol.31	Apcar Line of Steamers	Agents(Browne & Co.)	72
1904(M37) 下	vol.31	A. M. Apcar & Co.	A. M. Apcar	156 Bluff & 49
1906(M39) 下	vol.35	Apcar Line of Steamers	Agents(Cornes & Co.)	50
1906(M39) 下	vol.35	Apcar & Co., A. M.		49
1907(M40) 下	vol.37	A. M. Apcar & Co.	Gomei Kaisha	49
1907(M40) 下	vol.37	A. M. Apcar & Co.	Mrs. A. M. Apcar Apcar Michael Miss Rosie Apcar Miss Ruth Apcar	224-C Bluff & 49
1907(M40) 下	vol.37	"Apcar" Line of Steamers	Agents(Cornes & Co.)	50
1908(M41) 下	vol.39	A. M. Apcar & Co. Merchants and Commission Agents	Gomei Kaisha Mrs. Michael Miss Rosie Apcar Miss Ruth Apcar	49
1909(M42) 下	vol.41	"Apcar" Line of Steamers	Agents(Cornes & Co.)	50
1909(M42) 下	vol.41	A. M. Apcar & Co.	Gomei Kaisha Mrs. A. M. Apcar Miss Rosie Apcar Miss Ruth Apcar	224-C Bluff & 49
1910(M43) 下	vol.43	A. M. Apcar & Co.	Gomei Kaisha	49
1911(M44) 下	vol.45	A. M. Apcar & Co.		49
1912(T1) 下	vol.47	A. M. Apcar & Co.	Apcar Michael Mrs. A. M. Apcar	49

神戸・アプカー商会事業年表

筆者作成

	JD巻数	商会名・業種	商会主・代理店名	所在地
1898(M31)	vol.20	E. A. Apcar, Import and Export Merchant Office and Residence	E. A. Apcar	307, Sannomiya
1899(M32)	vol.21	M. F. Arratoon, Merchant and Commission Agent	M. F. Arratoon	34-B, Shimoyamate-dori
1903(M36) 上	vol.28	Great Eastern Hotel	Proprietor, Apcar, A. M.	36, Sakaye-machi, Itchome
1904(M37) 上	vol.30	Great Eastern Hotel	Manager, Arratoon, C. M.	36, Sakaye-machi, Itchome
1905(M38) 下	vol.33	Apcar & Co., A. M. and Great Eastern Hotel	Apcar, A. M.	163, Sannomiyacho Sanchome 36, Sakaye-machi, Itchome
1906(M39) 下	vol.35	Apcar & Co. A. M.	Apcar, A. M.	163, Sannomiyacho Sanchome
1906(M39) 下	vol.35	Apcar, A. M. and Great Eastern Hotel	Apcar, A. M.	163, Sannomiyacho Sanchome 36, Sakaye-machi, Itchome
1907(M40) 上	vol.36	A. M. Apcar & Co., Export and Import Commission Agents	I. Okabe	163, Sannomiyacho Sanchome
1907(M40) 下	vol.37	Apcar & Co., A. M. (Gomei Kaisha)		163, Sannomiyacho Sanchome
1908(M41) 上	vol.38	A. M. Apcar & Co., Export and Import Commission Agents	I. Okabe	163, Sannomiyacho Sanchome
1908(M41) 下		A. M. Apcar & Co. (Gomei Kaisha)		163, Sannomiyacho Sanchome
1909(M42) 下	vol.41	A. M. Apcar & Co., (Gomei Kaisha)	Mrs. A. M. Apcar, Miss Rosie Apcar, Michael Apcar, Miss Ruth Apcar, Z. Yoshida, G. Ishiwata, B. Sugihara, S. Yamamoto, S. Takano, K. Mayeda, S. Inaba	163, Sannomiyacho Sanchome
1910(M43) 下	vol.43	A. M. Apcar & Co., (Gomei Kaisha)	Mrs. A. M. Apcar, Miss Rosie Apcar, Michael Apcar, Miss Ruth Apcar, Z. Yoshida, G. Ishiwata, B. Sugihara, S. Yamamoto, S. Takano, K. Mayeda, S. Inaba	163, Sannomiyacho Sanchome
1911(M44) 下	vol.45	A. M. Apcar & Co., Kobe Branch	Mrs.A. M. Apcar, Michael Apcar, Z. Yoshida, G. Ishiwata, B. Sugihara, S. Yamamoto, S. Takano. K. Mayeda, S. Inada	163, Sannomiyacho Sanchome
1912(T1) 下	vol.47	A. M. Apcar & Co., Kobe Branch	Mrs.A. M. Apcar, Michael Apcar, Z. Yoshida, G. Ishiwata, S. Yamamoto, S. Takano	163, Sannomiyacho Sanchome

しかし先述のとおり、一八八一年の英字紙『ヒョーゴ・ニュース』の記事では神戸港発横浜港行き商船「Tokio-maru」の乗船名簿に「アプカー」なる人物の名が記録されている。この人物のファーストネームは明記されていないが、おそらくA・M・アプカーではないかと推察される。

アプカー夫妻が新婚旅行で来日した一八八九年の前年には、すでに、カルカッタを本拠とするアプカー商船は横浜での営業を開始していた。

同商船は一八八八～一八九〇年の間、バーナード商会の居留地七五番地に、そして一九〇七～一九一二年にはコーンズ商会の居留地五〇番地にも置かれており、いわば大店の一部を借りた仮営業を続けていた。

アプカー商会独自の本格的な事業展開は一八九五年頃からである。

『ジャパン・ディレクトリー』によれば、商会の事務所はバーナード商会からは独立して、一八九五～一九一二年の間には、居留地四九番地に置かれた。そしてアプカー家の住居は山手二二四番地（一八九九年）→山手一五六番地（一九〇四年）→山手二二四番地C（一九〇七～一九〇九年）と変転し、一九二六年から一九四二年までは中区山下町一六四番地に定着している。

商会の営業は、基本的には当主A・M・アプカーを中心とする家族経営の交易事業や仲買業であった。しかし、一九〇七年からは日本人との合名会社の形をとることもあった。また、合名会社だったかどうかは不明であるが、一八九五年にはすでにZ・ヨシダおよびH・ナカムラが、一九〇三年には、Z・ヨシダ、G・イシワタ、M・カタキリがパートナーとして名を連ねている。A・M・アプカーの死後、一九〇七～一九〇九年には、長男マイケル、長女ローズ、二女ルースの連名で事業を継続している。

明治維新から大正にかけて制定された「海事法」「商法」は改編・修訂が繰り返され、極めてわかりづらいのだが、当時の商会に関する件に限って要約してみる。

一八九九年三月、新たな「船舶法」（明治三二年法律四六号）が公布された。しかし、船舶の国籍に関しては、一八九〇年四月公布の「商法」の規定では、「合名会社は総社員、合資会社は社員の半数以上、株式会社は取締役の総員、その他の法人は代表社員総員が日本人たる者の所有に専属する商船その他の海船」が日本の船舶ということになっていた。だが、この規定は施行されず、その後新たな船籍規則が制定されることになる。[*7] この間、外国籍の商会は対応に苦慮することになり、商会としての存続を図るためには「合名会社」の形をとることを迫られた。

一九〇七年以降、アプカー商会が「合名会社」として、日本人代表者を組み込んだのは、こうした明治期の商法の変動に対応して事業を存続させる手段であったと思われる。

横浜七〇番館アプカー商会

ユダヤ系のサッスーン商会やスコットランド系のジャーディン・マセソン商会などの大商会とは異なり、アルメニア系のアプカー商会の事業内容や交易品の詳細な記録はない。だが、概要はいくつかの史料に散見する。その一つは一八九三年に刊行された『横濱貿易捷径』であり、これは明治中期横浜の貿易統計や業種・事業主・組合規則・関税目録の便覧である。その中でアプカー商会は次のように紹介されている。[*8]

七十番館　普商　アプカー商会
館主　エ、エム、アプカー
輸入売品—羊皮、漆、帽子、アラビア護謨《ゴム》、セルラウク
同売係人　採芝林
輸出買品—陶器、漆器、紙細工、絹物、天産物、其他ノ雑貨一切
同買係人　吉田善太郎

この短い記録から当時のアプカー商会の事業内容がうかがえる。

一八九〇年代、アプカー商会は横浜居留地ではドイツの商会、普商（当時のプロイセンの商会）として登録され、七〇番館に商館を構えていた。輸入品は雑貨類の帽子、アラビアゴム、漆など、輸出品は陶器、漆器、紙細工、雑貨などであった。

もう一つの横浜経済関係の史料を検討してみる。

一九一〇年に刊行された『横濱成功名誉鑑』である。この史料は横浜開港五〇周年を記念して、同地の発展に貢献した官・民の四三事業を挙げ、事業種ごとに功労者の功績を簡潔に紹介した顕彰記録である。その第四一章「外国商館及商館員」には、コーンズ商会とともにアプカー商会が名士として顕彰されており、アプカー個人と商会の来歴がかなり詳しく示されている。[*9]

エ・エム・アプカ氏はアルメニヤ人にして各所を飄泊《ひょうはく》し、終に香港に於《おい》て貿易事業に成功し、前後横濱に来り二三年頃アプカ商会を設立し、埃《エジプト》及印度等へ羽二重を輸出して利益を得たり、後神戸に於てグレートイースタンホテルを経営せしか、他人の為に非常の損害を蒙り其回収に尽瘁《じんすい》中に没せられたり、現今エ・エ・アプカ君代表者となり、三十九年資本金五万円の合名組織に変じ、絹綿加工品雑貨古物玩弄物等の輸出を主とし、英独米印等に顧客を有し、ヒールオールといふ皮膚病薬の日本代理店をなして商勢又盛なり、支

配人吉田善太郎君日本人部に長として令名あり。（アプカーの名前の表記は原文ママ）

カルカッタに本拠を移したアプカー商会は、炭鉱、商船、貿易、海上保険などを扱う多角的な企業であった。東南アジアでの海運・貿易業の後に、香港・上海に商会を設置したのは「飄泊の結果」ではなく、「企業拡大の一環」としてであり、その延長としての来日であっただろう。右の記録からは横浜来航以降の事業内容、特に輸出入先と交易品、神戸のホテル経営の失敗とその対応、さらに合名会社への転換の契機や日本人との共同経営が明らかになる。

右の二つの横浜商業関係史料や『ジャパン・ディレクトリー』などをもとに編纂《へんさん》された『居留地人物・商館小事典』には、次の記述がある。[*10]

アプカ商会 Apcar & Co. ドイツ系貿易商社

アルメニア人アプカが1890年に設立。エジプト、インドへの羽二重の輸出で成長を遂げた。神戸のグレート・イースタン・ホテルの経営に失敗したが、絹綿加工品・古物・玩弄物の輸出で息を吹き返し、1906年合名会社とした。羊皮・アラビアゴム等輸入品担当に中国人採芝林、支配人兼日本人部長で輸出品の担当に吉田善太郎、出資者にして庶務・会計担当に鎌倉郡中川村出身の石渡義助がいた。

［所在地］No.70（1891-）→No.49（1895-1923）→No.164（1926-42）

出資者の石渡義助は『ジャパン・ディレクトリー』でたびたび登場するG・イシワタと考えられる。

関東大震災と神戸への避難

一九二三年九月一日に発生した関東大震災は、横浜にも甚大な被害をもたらし、アプカー一族は大きな影響を受けた。「ディアナ年譜」にはわずか一行、「関東大震災により自宅損壊、神戸へ一時避難」と記されるのみで、神戸への避難の詳細は不明である。しかし、以下の複数の史料からアプカー家の避難状況が明らかになる。

関東大震災の被害に対して、当時においては海外からの支援も大きく、とりわけ、中華民国、アメリカ、イギリス、ベルギー、インド、オーストリア、カナダ、ドイツ、フランス、ペルーなどが積極的な支援活動を行っていた。[*11] 義捐金《ぎえんきん》、医療品などのほかに、アメリカ、イギリス、カナダは自国の艦船や定期客船を一時的に救難船として派遣した。

カナダの太平洋航路周航の最新客船として、一九二〇年に建造されたカナダ太平洋汽船所属のエンプレス・オブ・カナダ号は、その処女航海の途次、関東大震災発生の三日後の九月四日、東京港に寄港している。横浜に回航された同船は、ヨーロッパ人五八七名、中国人三六二名、日本人三一名を神戸に移送した。[*12]

一九二三年九月一三日付『ジャパン・ウイークリー・クロニクル』は、救難船エンプレス・オブ・カナダ号が五日早朝に神戸に到着したことを報じており、その乗船名簿には、国籍（または民族名）とともに、乗船客名が明記されている。イギリス、アメリカ、イタリア、ロシア、ドイツ、ポーランド、スペインなどの避難民名簿の中に、「アルメニア人」として、「Apcar, Mrs. D. A.」および「Apcar, Mrs. M.」の二名が見られる。[*13]「Apcar, Mrs. D. A.」はディアナ・アガベグ・アプカー、そしてもう一人の「Apcar, Mrs. M.」は長男マイケルの妻ではないかと考えられる。

さらにもう一隻、カナダ太平洋汽船所属のエンプレス・オブ・オーストラリア号も救難船として加わり、同船は九月一二日に横浜を出港して日本を離れるまでの間、避難民を他船に移乗させたり、あるいは神戸への移送に従事していた。

同じく九月一三日付『ジャパン・ウイークリー・クロニクル』の記事によれば、同船は九月一〇日に神戸に到着している。乗船していた五〇〇人以上の「外国人の避難者」については氏名のみが記載されているが、その中に「Apcar, Mr. M.」および「Apcar, Mrs.」の二人の名がある。前者は長男のマイケル・アプカー、後者は氏名不詳であるが長女ローズと推定される。
以上の記事から、アプカー一族が関東大震災の難を逃れて、一九二三年九月上旬には横浜から神戸へ避難したと考えられる。ただ、その後のアプカー家に関しては、アプカー家の史料には記録されておらず、その消息はうかがえない。

神戸のアプカー家

神戸における彼らの状況は、外務省欧米局の次の外国人調査報告書（一九二四年）からうかがうことができる。*14

容疑アルメニヤ人ニ関スル件
神戸市中島通三丁目三五番
アルメニヤ人エー・ミカエル・アプカー
一八九一年十月生
右者親米主義者ニシテ常ニ米国人ニ接近シ同国ノ為ノ便宜ヲ提供シ居ル疑アルヲ以テ常ニ注意中ノモノナルガ其ノ近状左ノ如シ

本名ハ客年九月神戸市葺合町《ふきあいちょう》ニ実母ディアナ及妻アラクセ妹ルース並ニ長女ドロシー等ト居住、三宮町三丁目所在アプカー商会ヲ経営シ来リタルガ本年六月末肩書地ニ移転シ相当余裕アル生活ヲ営ミ最近ハ米国方面ヨリラヂオ機械ノ輸入ヲ為シ横浜方面へハ毎月一回位商用並ニ財産整理ト称シ往復シ居ル模様ナリ

右の調査報告書によれば、客年（昨年＝一九二三年）九月に横浜から神戸に避難した後には長男のミカエル（マイケル）とその妻アラクセ、マイケルの妹ルース（二女）、マイケル＝アラクセ夫妻の長女ドロシーらとともに、母ディアナは神戸居留地の北東部、葺合町に身をよせていた。その後、長男マイケルは、神戸市中島通三丁目三五番に移ったと考えられる。アプカー商会は事務所を中心地の三宮町三丁目に構えて、ラジオ・機械などの輸入を手掛けていたこと、当面は神戸を拠点に横浜の事業を維持していたことが明らかになる。

調査報告書にはさらに以下の内容が続く。

又本人ノ姉ニシテ同国人サミュエル・ガルスタンノ妻ローズハ神戸市上筒井通ニ居住シ予テ渡来ノ希望ヲ抱キ手続中ナリシガ容易ニ許可セラレザル為メ近ク横浜ニ転シ神戸ノア

プカー商会ト連絡ヲ保チ商業ヲ営ム予定ニテ本月中ニハ実現スルモノノ如シ

右及申（通）報候也。

ディアナの長女ローズ、夫ガルスティヤンの一家は、ディアナ一家の寄留地から少し東の上筒井通りに居住しつつ渡米の許可を待っていたが、実現困難と見て再びアプカー商会の活動を横浜に移す予定であった。実際、「ディアナ年譜」によれば、神戸移住の六年後の一九二九年八月一六日に、ローズ夫妻と三人の子供たちはサンフランシスコへ移住することになった。

右の報告書から、当時の日本政府がアプカー一族を「親米主義者にして、アメリカに便宜を供与しているアルメニア人」とみなしていたことがうかがえる。それはアプカー商会の交易先が主としてアメリカであり、また、一族の中にアメリカへの移住を希望していた者がいたことも一因と推測される。しかし、そのほかの報告書・史料からは当時のアプカー家が「敵性外国人」であったとみなす根拠は明らかではない。

以上の史料からディアナを柱とするアプカー一族の家族史を概観してきた。では、アプカー家当主のA・M・アプカーの事業はどのようなものであっただろうか。

神戸アプカー商会一八九八〜一九二八年

神戸におけるアプカー商会については、『ジャパン・ディレクトリー』のほかに『英文日本商工録』[*15]や『英和日本商工人名録』に記録されている。『ジャパン・ディレクトリー』によれば、神戸におけるアプカー商会の創業は、アプカー商船の横浜開業一〇年後の一八九八年である。代表者はE・A・アプカーであり、A・M・アプカーとの係累関係は不明である。アプカー商会はその後、A・M・アプカーが商会主となり、その死を迎えるまで、三宮町三〇七番地（一八九八年）、下山手通り三四番地B（一八九九年）、三宮町三丁目一六三番地（一九〇五年）と変転し、一九〇五年から一九一二年までは同一の住所にあった。

一九〇七年には「合名会社アプカー商会」となり、横浜アプカー商会の神戸支社として、三宮町三丁目一六三番地に定着している。[*16]しかし、その業態・業務は明記されておらず、詳細は不明である。

ところで、横浜のアプカー商会が居留地内に事務所を構えていたのに対して、神戸では、居留地の西、雑居地に接する栄町一丁目（通称ディヴィジョン通り、現在の鯉川筋《こいかわすじ》）三六番地のグレイト・イースタン・ホテルをはじめ、拠点は居留地内ではなく、その隣接地あるいは雑居地にあった。居留地内に参入の余地がなかったのか、あるいは周辺地に商機を得たのかは定かではない。

一九〇七年頃からは、長男のマイケル・アプカーを中心にして、もっぱら仲買業やほかの商会の代理業を行っていた。合名会社の日本人社員は、年ごとに若干の入れ替えはあったが、前出の吉田善太郎、石渡義助を常連に、I・オカベ、B・スギハラ、S・ヤマモト、K・ウエノ、S・タカノ、S・イナバ、G・ハタ、I・ムラタ、K・マエダら一〇名前後であった。[*17]
一九二九〜一九三〇年の『英文日本商工録』の掲載を最後に、神戸アプカー商会は『ジャパン・ディレクトリー』『英和日本商工人名録』には現れなくなり、その前後から、神戸では新たに別のアルメニア人経営のアラトゥーン商会が登場する。

アプカー商会の交易品

アプカー商会の居留地交易は、日本の近代化に伴う生活文化と社会様式の変化を見越していたようだ。それは次の扱い品からうかがうことができる。

先述の『横濱貿易捷径』『横濱成功名誉鑑』『居留地人物・商館小事典』、外国人調査報告書などから、主な輸入品は漆原料、アラビアゴム、羊皮、帽子、ラジオ・機械類であり、横浜からの輸出品は、陶器・漆器製品、明治期最大の輸出品の羽二重（インド・エジプト向け）、紙製品（用途不明）、雑貨古物、玩具などであることがわかる。そのほかに「セルラウク」の輸入、「ヒールオールといふ皮膚病薬の日本代理店をなして商勢又盛なり」とある。

これらの輸入品がどのようなものであったか、概観してみよう。

・シェラック

アプカー商会が輸入したセルラウク（シェラック）の原料となるラック・カイガラムシは、インド・東南アジア原生のカイガラムシの一種であり、それは東南アジア交易で重要な商品価値を持っていた。アプカー商会はこのカイガラムシから分泌される物質に着目したのである。

用途の一つは平円盤状のレコード盤の原料で、この虫の体皮を覆う樹脂のシェラックがその元となった。レコード盤がシェラック盤とも呼ばれた所以《ゆえん》である。グラモフォンの蓄音機と平盤レコードが発明されたのは一八八七年であるが、その六年後の一八九三年には、アプカー商会はすでに平盤レコードの原料となるシェラックの輸入を手掛けている。

・染料

もう一つの用途は染料である。ラック・カイガラムシの体内色素はえんじ、あるいは濃赤色であり、それらの色素を抽出して天然染料とする。これは絹布を染色する原料として大いに珍重され、かつてオランダ東インド会社は西欧向けに輸出していた。アプカー商会は日本向けに南アジアから輸入していたと考えられる。

・帽子

文明開化は洋装の流行と洋式の軍装の需要をもたらした。この時代の錦絵を見ると、洋装と帽子の着用が目につく。一八九一年頃には、山高帽子とともにラシャ製の黒帽子も、一般に広まった。その前年の一八九〇年には、日本の製帽業界は隆盛した洋式帽子の輸入を制限すべく、反対運動を展開するほどであった。

また、軍隊の洋装は、一八七〇年の太政官布告に始まるが、それに伴う制帽の輸入も増えた。ただ、輸入量や購入・販売額・購入層の詳しい記録はない。

そうした風俗の変化にアプカー商会は商機を見た。文明開化に伴う風俗・衣装・文化の変化を敏感にかぎ取り、それを商売に活かしたことはアプカー商会の一つの交易戦略であったといえよう。

・アラビアゴム

明治の後半に『欧米売薬集珍』という書物が刊行された。[*18] それは、幕末・明治期に欧米から輸入された医薬品についての「実用ガイドブック」であり、成分・処方・効用・用法を医薬品名ごとに紹介している。同書にはアラビアゴムについて数カ所で解説されている。それは、鎮痛、咳止《せきど》め、肺結核などに効用のある錠剤の包添剤として、また甘草、アヘンの結合剤としての利用である。アラビアゴムを原産地のエジプトから輸入し、羽二重をエジプトに輸出していたと考えられる。

・ヒールオール

『欧米売薬集珍』には、アプカー商会が扱った交易品で、同社の「商勢を盛り返した」とされる皮膚病薬ヒールオール（万能薬）についての記述はない。

「ヒールオール」は別名「セルフ・ヒール」「オール・ヒール」とも呼ばれ、ユーラシア、北アメリカ産の薬草で古くからヨーロッパ、アメリカで使用されてきた。[*19]

和名は「ウツボグサ」の一種、セイヨウウツボグサ。漢方名は「夏枯草」、シソ科の多年草である。薬用として漢方では消炎・利尿剤、甲状腺肥大、乳腺炎、結膜炎、西洋では肺結核や胃腸病など、用途は多様である。[*20]明治以前の日本で、この薬草が民間薬として広く用いられていたかどうかは不明である。だが、明治期の日本で結核が蔓延《まんえん》していたという衛生環境が「ヒールオール」と錠剤に用いられるアラビアゴムの売れ行きを支えたのではないかと考えられる。

・ラジオ

先述した外国人調査報告書（一九二四年）には、神戸のアプカー商会の事業について「米国方面ヨリラヂオ機械ノ輸入ヲ為シ」の一行がある。日本での公共ラジオ放送の開始は一九二五年三月二二日、関東大震災の一年半後である。その直前に二代目のマイケル・アプカーはラジオ類の輸入を神戸で始めている。輸入台数、購入者、販売価格などの史料はないが、アプカー商会の先取り気質を示す一例でもある。

・オートバイ

一九二八〜一九四二年にかけて、アプカー商会は、英米のオートバイメーカー数社の輸入総代理店となった。その会社とは、イギリスにおける二輪モーターバイク製造の先駆けとなったバーミンガム・アリエル社、一八九六年にイギリス・コベントリで製造を始め、世界的な二輪モーターバイク、エクセルシオル・バイクを売り出したエクセルシオル・モーター製造・部品会社、一九一〇〜一九二〇年代にかけて、前車と同名の二輪モーターバイク、エクセルシオル・バイクを売り出したシカゴ・スーパーX・アンド・ヘンダーソン・モーターサイクル社である。[*21]

二輪モーターバイクが、明治期の日本で大量かつ広い階層に浸透したとは思えない。せいぜいのところ居留地の在留外国人や一部日本人の「開化的」富裕層に好まれた程度だろう。しかし、やがて近代化が急速に進展する中で、これらの商品が広く好まれるであろうことを予見して、アプカー商会は総代理店を担ったのではないかと考えられる。

ニッチ交易

周知のように、一九世紀半ばまでのイギリスの国策会社や代理商社、冒険商人は、アヘンや茶あるいは生糸・絹・木綿など単一の商品を大量に輸出入していた。アプカー商会の居留地交易はそれとは大いに異なった。具体的には、薬品、生活用品、衣装、機器、乗り物など、少量・多品種の商品を扱っていた。それは小規模ながら、近代という時代を「先取り」するパイオニア的な「隙間交易《ニッチ》」ともいえる形態であった。

アルメニア商人としてのアプカー商会は、その置かれていた民族的な状況から、西欧の大海洋帝国と違って、強力な国家的背景もネットワークも持ち得なかった。居留地での基盤も脆弱《ぜいじゃく》であった。その点で、ユダヤ財閥のサッスーンやイギリスのジャーディン・マセソンなどの国際的な大商会とは決定的に異なっていたのである。

アプカー商会の国際的な交易戦略は、これら大商会と一線を画しながら、商品の種類と販路を分かちつつ共存を図るという「棲み分け交易《ニッチ》」でもあった。アプカー商会はあえて「周辺・

マイナーな存在と業態」を選ぶことによって、小民族・小集団・後発の交易活動を存続させる知恵を活かしてきたのではないだろうか。

註

＊1　Hiogo News, 1881.5.4

＊2　大山瑞代「アルメニア人アプカー一家の三代記」、横浜外国人社会研究会・横浜開港資料館編『横浜と外国人社会』日本経済評論社、二〇一五年

＊3　神戸のフリーメイスンは、神戸開港の翌年の一八六九年九月に神戸在留のフリーメイスン会員がイギリスの総本部に「ライジング・サン支部」の承認を求め、一八七〇年二月に正式に承認され、居留地八一番地に支部を置くことになった（堀博・小出石史郎訳、土居晴夫解説『神戸外国人居留地──ジャパン・クロニクル紙ジュビリーナンバー』のじぎく文庫、一九八〇年、一〇〇～一〇二頁）。

＊4　『ジャパン・ディレクトリー』にはアプカー商会に関して、業態・業種や事業内容、組織・取引内容などについての詳細な記録はないが、アプカー商会に関する人名・企業名が登場する第一〇巻から第四七巻までを検討した。

＊5　Timeline of Diana Apcar, digital edition, 2014

＊6 「香港発神戸向けイギリス貨客船ヴェローナ号（一八七六トン）一八八九年八月一八日長崎入港、翌一九日神戸に向けて出港」、その「船客名簿」には神戸行き船客として、アプカー夫妻の名前とその従僕一名が記録されている（The Rising Sun and Nagasaki Express, 1889.8.21）。

＊7 志津田氏治「わが国海事法の近代化——海事布告法の発展過程」『経営と経済』第一一九号、長崎大学経済学部研究会、一九七〇年、一四、二三、二四頁

＊8 伊藤辰治郎『横濱貿易捷径』横濱貿易新聞社、一八九三年、一三五頁

＊9 森田忠吉編『横濱成功名誉鑑』横濱商況新報社、一九一〇年

＊10 『居留地人物・商館小事典』、横浜開港資料館編『図説横浜外国人居留地』有隣堂、一九九八年。

＊11 「大正十二年公文備考」巻一六一、変災災害資料「関東戒厳司令部情報」（一九二三年九月）には、各国の支援活動に関する情報の詳細が記録されている。国立公文書館「アジア歴史資料センター」所蔵デジタルアーカイブ、防衛省防衛研究所「海軍省公文備考、変災災害９、巻１６１」所収。

＊12 New York Times, 1923.9.9

＊13 The Japan Weekly Chronicle, 1923.9.13

＊14 「兵庫県知事山縣治郎より内務大臣若槻礼次郎および外務大臣幣原喜重郎、指定庁府県各長官宛文書」（兵外発神第二二八三号）、『要視察外国人ノ挙動関係雑纂、諸外国人ノ部』

＊15 『英文日本商工録 THE JAPAN MERCANTILE & MANUFACTURERS DIRECTORY』

＊16 Japan Directory, vol.37 (1907)

＊17 Japan Directory, vol.38 (1908); vol.39 (1908); vol.41 (1909); vol.43 (1910)

＊18　平野一貫編『欧米売薬集珍』半田屋医籍商店、一九〇一年
＊19　Britannica, "Self-Heal"
＊20　『世界大百科事典』第三巻、平凡社、一九八八年
＊21　*The Directory & Chronicle for China, Japan, Corea, Straits Settlements, Malay States, Siam, Netherlands India, Borneo, the Philippines, & c.*, 1918-1941, 42., 1928, 29, 33, 34, 40, 41-42.

第8章　アルメニア通り・教会・ホテル

アジアのアルメニア通り

南アジアや東南アジアの街には「アルメニア通り《ストリート》」やアルメニア人の名を冠した通りが随所に見られる。実態はさまざまで、アルメニア人集住地区《クオーター》があれば、アルメニア教会通り《チャーチ・ストリート》もあるが、彼らが住んでいたことも教会の存在も知られていない地域もある。しかし、在留したアルメニア人自身が、「アルメニア人街（あるいは通り）」と呼称したのではなく、おそらくは、アルメニア人以外の在地の人びとや当時の行政組織による通称だと考えられる。

チャイナ・タウン、華人街、唐人街などの地域は、総じて華僑・華人の住む町だったし、東南アジアのインド人街も在外インド人の集住地区であった。古くからアルメニア人街として知られているのは、エルサレムのアルメニア教徒地区、近世ではイランの新ジュルファが典型である。しかし、南アジアや東南アジアでは、アルメニア人が集住する地区は少ない。アルメニア人が少ないからだという考えもあるが、彼らの生業や置かれていた状況にもよるだろう。現地調査を重ねる中で、その数少ないアルメニア人の集住地区が、かつてインドのカルカッタにあったことが明らかになった。

カルカッタのアルメニア人街

カルカッタのアルメニア通りは市内随一の繁華街チョーロンギー通りの約一キロメートル北、官庁街に隣接する地域にある。ここはチャイナ・バザールをはじめ、大小十数のバザールが集中する下町の生活拠点で、すぐ西にはガンジス川の支流フーグリー川が流れ、「アルメニアン岸壁《ガート》」の名はかつてのアルメニア商人の交易の名残である。

この辺りはまた、「チャイナ窪地《ガリー》」の町名にあるように、モンスーンの大雨やフーグリー川の溢水《いっすい》でえぐられた低湿地で、今もなお強い湿気が湧き上がってくる。

終日賑《にぎ》わいが続くチャイナ・バザールの一角、東西一〇〇メートルほどの路地がアルメニア通りである。陽《ひ》の差し込まない路地の両側には、野菜、果物、肉、魚、反物、衣類、香辛料、穀物、祭具、供花、供物……日常生活品の店が軒を連ね、その臭気と湿気と人混みの体臭が立ち込めている。

路地の中ほどにアルメニア教会がある。高さ三メートルはあろうかという、がっしりとした

カルカッタのアルメニア人街

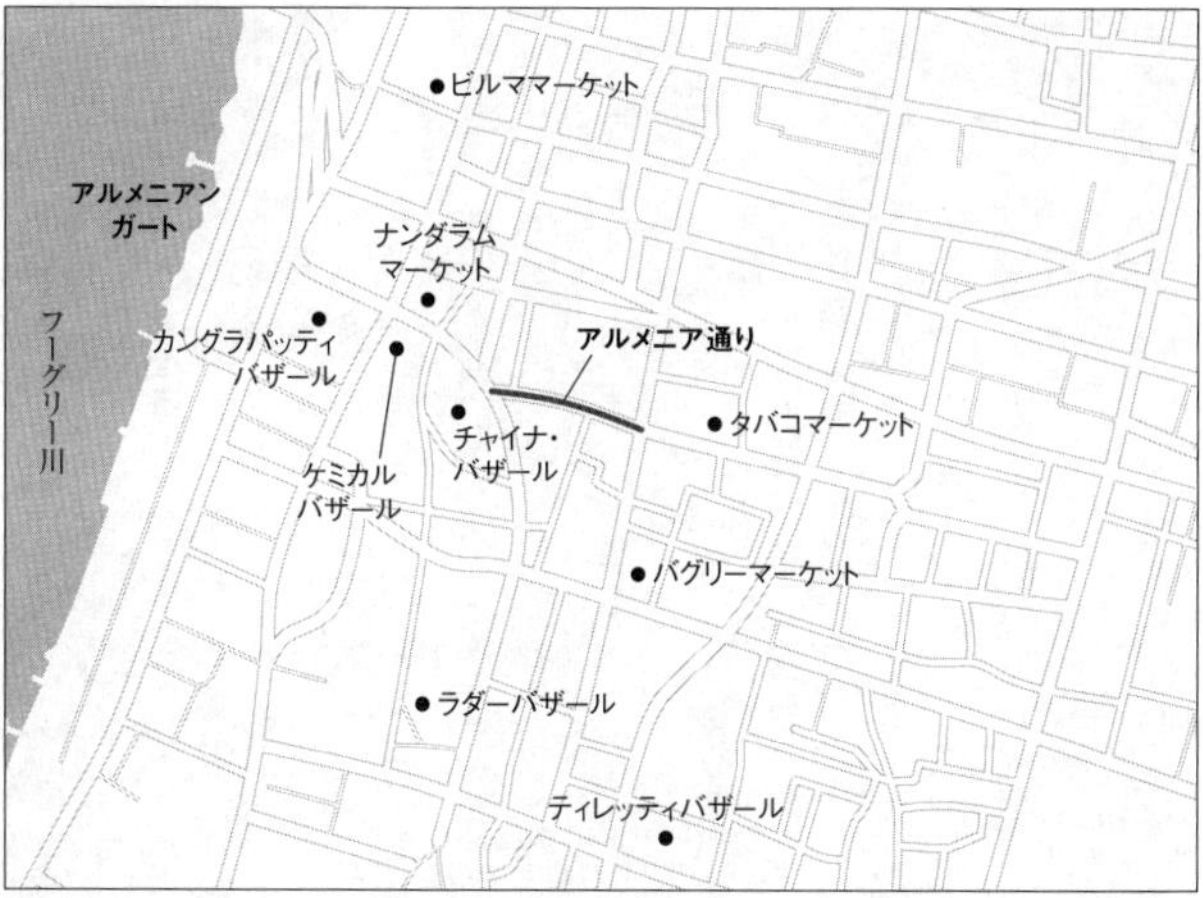

木造の扉が固く閉ざされ、バザールの猥雑《わいざつ》さを拒絶している。門扉が開けば、そこは「静寂の石の世界」である。敷地の中はびっしりと並ぶ石棺《せっかん》と地面に埋め込まれた墓石群である。その奥の聖堂とチャペルの周囲もまた大理石の石棺で囲まれている。いったい何百基の墓石があるのか……。入り口近くの墓石を手始めに、表面の砂埃《すなぼこり》を手で払い、消えかかった碑文をノートにとり、写真におさめ始めたが、厳しい猛暑に加えて高い湿度に蒸されて、墓石群の記録はあきらめることにした。

一九世紀末にはメスロプ・J・セトによって、カルカッタのアルメニア人墓碑の存在や碑銘、年代などが知られるようになった。[*1]だが現在もなお、この教会には全体で何基の墓碑があり、いったい何人のアルメニア人が葬

カルカッタ・アルメニア教会墓石群

筆者撮影

られているのか、また彼らの来歴・生活・家族の全容も不明であり、現在、民間の研究者による調査と墓碑銘のデジタル・データ化が進められている。

アルメニア人街の住人たち

第5章で述べたアラトゥーン・アプカーがボンベイから移ってきて、アプカー商船会社を創業した一八三〇年頃、カルカッタは、中国へのアヘン輸出、国際的な主要商品の綿布・綿糸、香辛料の輸出、ジュート（黄麻）の栽培と商品化、後には炭鉱の開発と石炭輸出、東南アジアやアフリカへの移民の送り出しなど近代インド経済の拠点として次第に活況を呈し始めていた。

この頃に、アルメニア人がカルカッタに住んでいたことは若干の史料が証明している。その一つはアルメニア教会の墓碑だが、文書記録としては一八二四〜一八三四年の『カルカッタ・ディレクトリー』に「アルメニア人の職業・居住記録」がある。それはベンガル政庁による行政便覧でもあり、住民台帳でもあった。[*2]

この史料には、在カルカッタのアルメニア人家族について、家長の氏名・職業・居住地が列挙されている。総戸数は一三一家族、家長のみの氏名であるから、家族の人数や家族ごとの構成は不明である。

一三一家族のうち、主な職業は、商人・貿易業（代理業を含む）四八家族、書記・通訳・事務職三四家族、藍（インディゴ）生産者三家族、諜報部勤務五家族、[*3]そのほかにアルメニア教会の司祭、アルメニア・カレッジのアルメニア語教師、弁護士見習いなどが含まれる。

彼らの主な居住地については、次のようであった。

アルメニア通り	二四家族
チャイナ・バザール通り	一九家族
チャイナ・バザール・グッリ通り	一六家族
オムラトッラ通り	一一家族

そのほかは、ほぼ一、二家族単位でカルカッタ市内に散在している。アルメニア人家族は、チャイナ・バザールを中心にほぼ半径五〇〇メートル内の商業地に集住していたことが明らかである。

当時のインドでは、狭義の居留地である要塞内やヨーロッパ植民者の居住区であるホワイトタウン以外には、植民地政府は民族別の制限居住地《クオーター》を設けなかったから、雑居地のバザール一帯にアルメニア人、華僑商人、ユダヤ商人などが集中的に生活していたと考えられる。この地区はＥＩＣの支配下にはあったが、すでにさまざまな民族の交易の場となっていたのである。

カルカッタのアルメニア人家族

もう一つの史料は、在留アルメニア人が刊行したアルメニア語誌『アズガセル』第三六号（一八四六年四月一八日刊行）所載の「カルカッタ在住アルメニア人住民録」である。[*4] 前述の『カルカッタ・ディレクトリー』が行政府による住民台帳とすれば、これは在住アルメニア人の連絡簿のようなもので、家長の氏名と家族の人数が記録されている。

その「住民録」によれば、主な家族名は五二、家族総数は一六八戸、総人口は三八三人であり、それらは次のようであった。

シルコール家一〇戸（二二人）、アガベグ家一〇戸（一六人）、ガスパル家九戸（一五人）、アブガール家八戸（二二人）、アラトゥーン家七戸（一七人）、バグラム家六戸（一四人）、マルカス家六戸（一一人）、サルギシヤン家三戸（六人）、ヴォルダナン家五戸（七人）、ゲヴォルグ家五戸（一〇人）、マイケル家四戸（七人）、サルギシヤン家三戸（六人）、エミン家三戸（六人）、ガルスティヤン家三戸（六人）、オーエン家二戸（六人）、マヌーク家二戸（二人）、ルーカス家二戸（七人）、そのほかは各一戸一人であった。

これらのうち、カルカッタや東南アジア各地で名の知られたアルメニア人は、アガベグ（アガベギヤン）、アブガール（アプカー、アブガリヤン）、サルギシヤン（サーキーズ）である。

南アジア・東南アジアのアルメニア教会

近世にはインド北部やガンジス流域の商都に、近代以降はインドや東南アジアの港市に、少なくとも一六のアルメニア教会が点在していた。これら教会の沿革には不明な点も多いが、教会史料や関連研究によれば概略は次のようである（◆は筆者の現地調査によって確認した教会）。

・スーラト―一五七九年創建、ムガル知事による破壊の後、一七八八年再建[*5]
・アーグラ―一六一一年、商人ホージャ・マルティローズによって創建[*6]

アジアにおけるアルメニア人移動ルート・都市・アルメニア教会

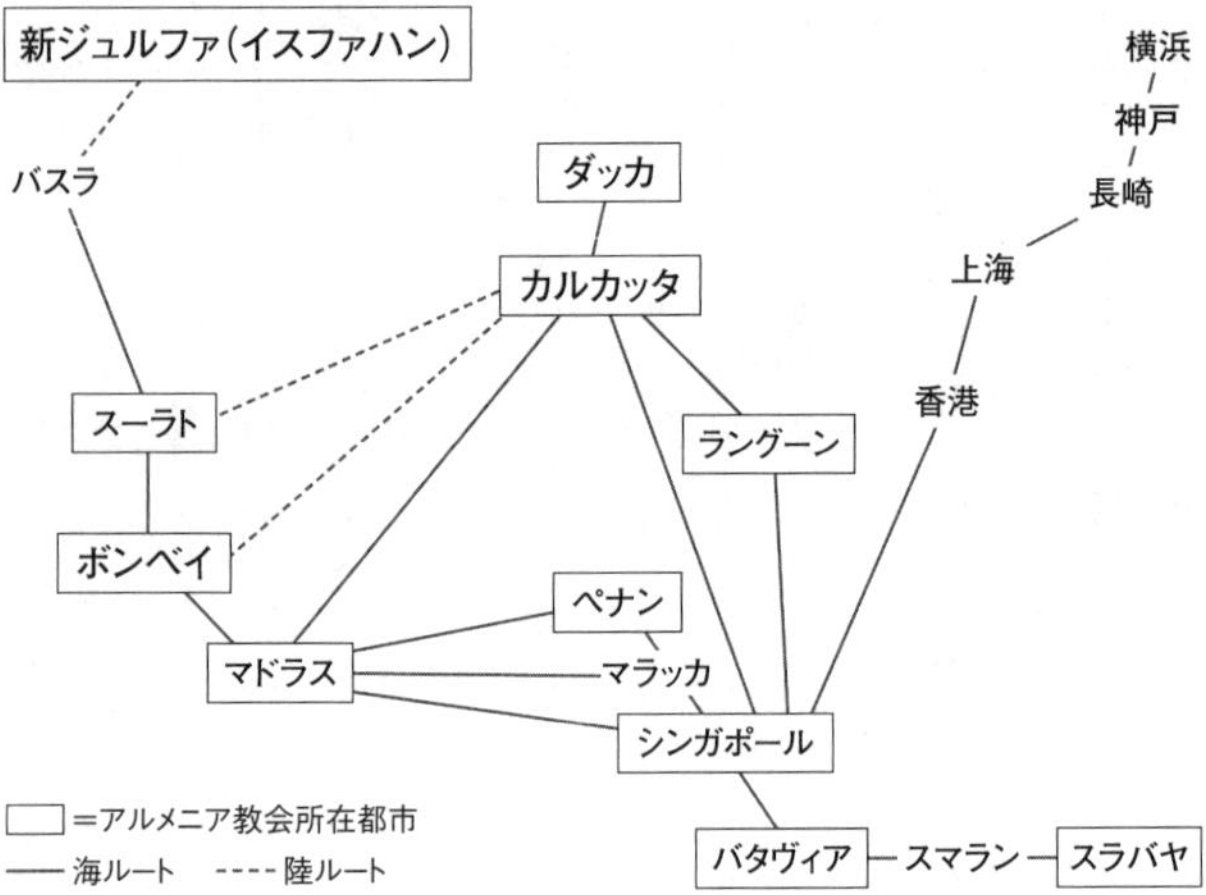

筆者作成

・チンスラー◆―一六九七年、有力商人ホージャ・マルガルの息子ホージャ・ヨハンネスとホージャ・ヨセフ兄弟によって創建[*7]

・マドラス◆―一七一二年に創建、イギリス人によって毀損の後一七七二年に有力商人アガ・シャミールが妻の供養のため再建[*8]

・カルカッタ◆―一七二四年、有力商人アガ・ナザルによってアルメニア通りに「ナザレの教会」創建[*9]

・サイダバード―一七五八年、商人アガ・ペトルス・アラトゥーンによって創建[*10]

・デリー―一七八一年、チャペル創建[*11]

・ダッカ◆―一七八一年、マイケル・サ

マドラスのアルメニア教会

筆者撮影

ーキーズ、アスワタトゥール・ゲヴォルグ、マルガル・ポゴセ、ホージャ・ペトルスによって、アルメニア通りに創建[*12]

・ボンベイ―一七九六年、商人ハコブ・ペトルスによって創建、損壊後、一九五七年に再建[*13]

・ペナン―一八二四年、商人カラピエト・アラケルとカチャトゥール・ガルスティヤンの寄進によって創建、一九〇六年廃棄[*14]

・バタヴィア―一八三一年、有力商人ハコブ・アラトゥーンによって創建、一九六一年に廃棄[*15]

・シンガポール◆―一八三五年、アルメニア人、ヨーロッパ人、華人などの寄進によりアルメニア通りに創建[*16]

チンスラー・アルメニア教会

筆者撮影

・ラングーン―一八六二年、マーチャント通りに創建[*17]

・スラバヤ◆―一九二七年に創建、後に華人系プロテスタント教会に転用（時期不明[*18]）

・ラホール―創建年不詳（「一七一一年にアルメニア人司祭が常駐[*19]」）

・カーブル―創建年不詳（「一八三〇年までアルメニア人司祭がカーブルの教会に派遣されていた[*20]」）

南アジアや東南アジアの港市には、このように一六世紀から二〇世紀にかけて次々とアルメニア教会が創建された。しかし、アルメニア人の司祭が一時期であれ定住したアーグラ、カルカッタ、シンガポールは別として、多くの教会には常任の司祭はいなかったようだ。

各地のアルメニア教会が、新ジュルファのアルメニア教会やアルメニアの聖都エチミアジンの総司教の布告や財政支援によって建造・運営されたものではなく、またアルメニア教を対外的に布教する目的も持たなかったことは注目すべきであろう。多くの教会は、一部の有力商人が家族の守護を目的として私財を投じて造られたもので、実質的には家族教会や在地のアルメニアン・コミュニティの教会として、通過儀礼や年間祭礼を行うという役割を持っていた。だから、教会の財政的支援者である有力なアルメニア商人が現地から去ると、ペナンの教会のように急速に衰退や廃棄の状態に陥った。[*21] そうした状況はほかの多くの地域でも同様で、各教会の間のネットワークや、在地アルメニア人の強い結合の核が形成されたとは考えにくい。カルカッタやシンガポールのように、在留アルメニア人が所有する不動産や企業があった地域の教会が、例外的に今日まで持続しているのである。

アルメニア人のホテル経営

アジア各地のアルメニア人経営のホテルは、その多くが一八六〇年代から一九一〇年代の間に創業された。それは当時の二つの世界的な「移動」をめぐる潮流と関連する。すなわち一つは、西アジアや中央アジアを巻き込んだ政情の激変が生み出したアルメニア人の離散の増大であり、もう一つは、ほぼ同時期に起こったヨーロッパの富裕層による世界周遊ブームの到来である。

この時期、シンガポールでは二〇を数えるホテルがアルメニア人によって経営されていた。最も早いのは一八六二年にマルコム・モーゼスによって開業されたパヴィリオンホテル&ボーリングアレーで、ボーリング場とビリヤード場を売り物にしていた。[*22]

一八八〇年代以降には、ホテルという名ではあるが、実質的には家族経営のこぢんまりとした賄い付きの宿の「ボーディング・ハウス」が乱立した。ラザルス・チャター経営のマルボローホテル、イレイザー・ヨハンネス経営のグッドウッドホール、セント・ジョージズホテル、グレゴリー・M・グレゴリー経営のスタンフォードホテル&レストラン、そしてこのホテルをホセブ・アラトゥーンが改称したグロヴナーホテル、それをさらに改称してクララ・ヴァン・ヒエンが所有したオランジューホテル……それらはいずれも数カ月から数年のうちに廃業あるいは転売された。[*23] 今日、世界的に名門ホテルとして知られるラッフルズホテルも、その前身は、隣接するラッフルズ学院の男子生徒用の宿舎で、ボーディング・ハウスであったという。[*24]

カルカッタでもやはりホテルという名のロッジ、ゲストハウス、サーヴィス・アパートメントハウスが市内の下町に軒を連ねた。一九二八年にはサダル通りにサーキーズ家のミナスとロージー夫妻の経営するボーディング・ハウスが創業され、同じ敷地にサーキーズ・セントラルロッジが増築された。さらに夫妻はビルトモアとフェアローンの二つのホテルとキラーニーロッジを買収した。また、マック・アガベグ経営のアガベグホテル、アガベグ家のマッサガ、シルーシュ夫妻経営のアストールホテル、アラトゥーン・ジョン経営のカールトンホテル、ミナス・カラピエト経営のクラクトン・サーヴィス・アパートメント、サーキーズ・カラピエト経営のケニワース・ゲストハウス、マルタ・グレゴリー経営のリットンホテル、ホヴセプ・マダトゥら共同所有のストックマンズ・ボーディング・ハウスなども開かれた。[*25] いずれも国際的な観光ホテルというよりは、アルメニア人の長期滞在向けの簡易宿泊所であった。

日本では、横浜、長崎、函館の居留地周辺にはこうしたボーディング・ハウスは見当たらないのだが、神戸には少なくとも一軒、エッソヤン・ホテルが見られる。[*26]

これらの家族経営のホテルが「アルメニア人の寛大さとおもてなし精神の発露[*27]」かどうかはともかく、生計を維持するために、離散アルメニア人が食住を求める同胞の受け皿として運営した「仮の宿り」であったことは事実だ。実際、カルカッタのゲストハウスについて、南アジアのアルメニア人の歴史をたどったバシルもこう指摘している。

これらのボーディング・ハウスは、多数のアルメニア人青年男女に、カルカッタで地の利がよく、経済的でくつろげる場を提供していた。[*28]

第1章で述べた近世のフンドゥクは広域巡回商人の隊商宿であったが、近代のボーディング・ハウスは離散の民が身をよせ合う場であったといえよう。そこに集うことで情報の交換やアルメニア人としての仲間意識を確認しあったのではないかと考えられる。オリエンタル風のエキゾティックなクラシックホテルや国際的な社交クラブとして名を馳《は》せた高級ホテルがアルメニア人によって創業されるのは、もう少し後のことである。

アルメニア人のクラシックホテル創業

アルメニア人のホテル経営の目的は、先述したような同胞の「救済」だけではなかった。国際情勢の潮流を読んで、世界漫遊のヨーロッパの富裕層を惹《ひ》きつけるホテルの経営も目指した。よく知られているように、一九世紀の後半という時代は、蒸気汽船の運航、世界周航路線の開拓、スエズ運河の開通、海底ケーブルの敷設など、交通手段と情報ネットワークの大変革期であった。地球は狭くなり、人の移動はより頻繁になったのである。

海運業や海上保険、ブローカーなどの事業を展開していたアルメニア人の実業家は、アジア的な「異国情緒」で客を満足させるホテルの経営が利を生むと考えた。それは旅する富裕なヨーロッパ人を客層としたものであった。

一八六一年にイランで生まれたアラトゥーン・ステファンはカルカッタに到来して、当初は宝石商を営み、後には広大な不動産を取得して財を成し、チョーロンギー通りの一等地にグランドホテルを、そしてダージリンにはマウント・エヴェレストホテルを建てた。[*29]

東南アジアのホテル王、サーキーズ四兄弟

イスファハン出身のアルメニア人のサーキーズ四兄弟は、シンガポール、ペナン、ラングーン、スラバヤなどマラッカ海峡の港市に次々とホテルを創業して、二〇世紀初頭には「東南アジアのホテル王」の名をほしいままにした。

サーキーズ四兄弟の活躍と彼らが築いたホテルチェーンについては『ラッフルズホテル』[*30]に詳しい。この詳細な写真付き案内書をもとに、ほかの資料によって補足しながらアルメニア人によるアジア近代ホテル史の一端をたどってみよう。因みに、四兄弟のうちの三人の肖像写真は、マレーシア・ペナンのイースタン・アンド・オリエンタルホテル（E&O）の一階通路に掲げられている。

四兄弟とはマーティン（一八五二〜一九一二年）、ティグラン（一八六一〜一九一二年）、アヴィエト（一八六二〜一九二三年）、アルシャク（一八六八〜一九三一年）であり、ホテル経営の先鞭《せんべん》を

つけたのは二男ティグランであった。

ティグランはカルカッタのアルメニアン・カレッジで教育を受けた後、一八八二年頃にはペナンへ渡って、海岸通りの一等地に競売と貿易代理業の個人商店サーキーズ商会を設立し、日本の骨とう品やオランダ戦艦の廃棄部品などを商った。その後、中心地であるライト通り一番地の私邸を買い取り、一八八四年四月にイースタンホテルを創業、翌一八八五年には、イギリス人のアメリア・ローズから買収したホテル・ドゥ・ヨーロッパをオリエンタルホテルと改称した。

彼は東南アジア航路の商船機関士であった兄マーティンを引き入れて、サーキーズ兄弟社を設立、イースタンホテルの経営を兄に一任し、自らはオリエンタルホテルの経営に専念した。

翌一八八六年にはカルカッタのアルメニアン・カレッジとセントザビエル・カレッジで学んでいた三男アヴィエトがペナンに到来して、一八八七年、イースタンホテルのマネジャーに就いた。

同年、ティグランはペナンからシンガポールに移り、ボーディング・ハウスであったバンガローを借りてラッフルズホテルを開業した。シンガポールが将来の国際的な拠点となることを見込んでのことであろう。

一八八九年には、ティグランたちはイースタンホテルを売却し、オリエンタルホテルの隣接地を買い取って、新たにイースタン・アンド・オリエンタルホテル（E&O）に拡張した。一八九〇年に長男マーティンがイスファハンに戻った後は、E&Oはもっぱら四男のアルシャクに委ねられ、彼は死を迎える一九三一年まで経営を続けた。[*31]

一八九三年頃、ホテルの新開拓地を求めて、アヴィエトはビルマのラングーンに送られた。彼はまずラングーン駅の食堂兼宿泊所を、次いでサーキーズホテル、ボデガ&ビリヤードサロンを、そして一九〇一年には後にビルマ随一の豪華ホテルとして知られるストランドホテルを開業して、その経営に当たった。

ティグランはペナン・ヒル山頂のクラッグホテルを一九〇五年に取得し、開業した。[*32]

ジャワ島東部のスラバヤはバタヴィアに次ぐオランダ領東インド（インドネシア）の第二の都市であり、一九三〇年の人口統計では、「オランダ領東インド在住のアルメニア人五四二人のうち二七三人がスラバヤに住んでいた」と記録されている。[*33]

サーキーズ四兄弟の長男マーティンの五人息子は一八八七年にマランに移住し、二男ルーカス・マーティンは一九〇〇年にスラバヤで雑貨商を営んで成功をおさめた。隣接する一〇〇〇平方メートルの庭園と家屋を購入して、一九一一年にはその場所でホテル・オランジュを開業、一九二三〜一九二六年には二棟が増築された。一九四二年の日本占領時代にはホテル・ヤマトと改称され、日本軍の東部ジャワ司令部となった。一九四五年にはホテル・ムルデカに、翌一九四六年にはLMSホテルと名を変えたが、一九六九年にはホテルは手放され、マントラスト・ホールディングがホテル・マジャパヒトとして新たに開業した。[*34]

アルメニア人経営のクラブホテル

神戸では、先述したボーディング・ハウスのエッソヤン・ホテルのほかに、居留地やその周辺の外国人の社交場としてのホテルが営業されていた。その一つがグレイト・イースタン・ホテルであり、先述のA・M・アプカーによって一九〇二年五月五日に神戸の中心地、栄町一丁目二一番地で仮営業を始め、[*35]翌一九〇三年一月三〇日には栄町一丁目三六番地（通称ディヴィジョン通り）、現在の鯉川筋に面した旧香港上海銀行跡に移転し、本格営業を開始した。[*36]しかし、アプカーが急死した翌年の一九〇七年には、グランドホテルと名を変え、フランス人ドンバールの所有となった。[*37]宿泊者名簿が確認できないので、どのような客が滞在したかは不明であるが、シンガポールやカルカッタのホテルとは違って、国内や海外での知名度はそれほど高くはなかったようだ。

また、神戸西郊の塩屋は風光明媚《ふうこうめいび》な保養地として居留地内外のヨーロッパ人の間で広く知られており、別荘やクラブハウス様式のホテルが存在した。アプカーが所有していたシオヤ・ビーチハウス・ホテルは同氏の死後一九〇八年に、ビーチハウス・ホテルとオリエンタルホテル別館のシーサイド・ヴィラの名前で営業され、一九一〇年には塩屋ホテルと改称された。[*38]ホテルはその後、勝田銀次郎（勝田商会・勝田汽船の創業者、後の神戸市長）の別邸、勝田倶楽部となり、一九二四年には塩屋カントリー倶楽部と改称、在留外国人の社交クラブとして利用された。[*39]

神戸の北部にある有馬温泉郷は、江戸時代以前から湯治場、保養地として知られていたが、明治以降は日本人だけでなく、外国人の別邸も点在するようになった。そのうちの一人、M・Z・マーティンは、カルカッタ、香港、神戸間を往来し、骨とう品などを商っていたが、後に神戸で不動産売買、ビルマ米の先物投機で財をなし、一九〇五年にこの地にキング・ジョージ・ホテルを所有し、一九一八年に有馬で没している。[*40]

サーキーズ兄弟に限らずアルメニア人経営のホテルは、その立地条件や、ボーディング・ハウス、クラシックホテル、クラブハウスといった格式の如何を問わず、ほとんどが一年からせいぜい二十数年の短期間の経営であり、その後は華商やヨーロッパ系の経営者の手に渡ることが多かった。そうした事業の短期経営の傾向が在外アルメニア人の経営戦略なのか、別の要因によるものかは不明であるが、アルメニア人のほかの事業にも多く見られるのである。

名前・国家・宗教

離散アルメニア人の研究、特にペナンの実地調査で困難に直面したのは、アルメニア人の埋葬者がカトリック、プロテスタント、ギリシャ正教、ユダヤ教、イスラーム教、あるいは無宗教の墓地（共同墓地の場合には墓域）に分散していることだ。ここで、神戸市立外国人墓地の資料を手掛かりに「アルメニア人とは何者か」という問いを改めて考えてみたい。

神戸市立外国人墓地は小野浜、春日野《かすがの》の墓地から現在の修法ヶ原《しおがはら》墓地に合葬された。それらの関係資料――「小野浜墓地および春日野墓地関係埋葬者名簿」「小野浜墓地関係墓碑銘集」「春日野墓地関係墓碑銘集」――をもとに、一八六七～一九六一年の間の埋葬者約二〇六〇名について「外国人墓碑リスト」が作成された。[*41]

本項ではこの二〇六〇名の記録からアルメニア人と推定される人物を抽出して、氏名（墓籍番号）・性別・国籍（あるいは出身地）・生没年の順に列挙した。なお墓域についてはC3、C5はギリシャ正教、C2はカトリック、D3はプロテスタントである。

A・M・アプカー（C5－5／第7章参照）

男　イラン　一八五五年一二月生　一九〇六年一一月二二日没

T・M・アラトゥーン（D3－46）
女　イラン　一八五九年一二月一八日生　一九四〇年一月一四日没
C・M・アラトゥーン（D3－45）
男　イラン　生年不詳　一九五二年四月九日没
アルダシス・エッソヤン（C3－14）
男　ロシア　生年不詳　一九三八年三月八日没
ディクラン・エッソヤン（C3－14）
男　ロシア　生年不詳　一九三八年一一月一六日没
ヴァルキン・アラトゥーン・エッソヤン（C3－14）
男　ロシア　一八九六年一二月一八日生　一九五四年五月一五日没
マーティン・カチャトゥール・ガルスティヤン（D3－35）
男　ルーマニア　生年不詳　一九二四年一〇月二七日没
M・Z・マーティン（D3－55）
男　ルーマニア　一八四八年七月一日生　一九一八年四月一二日没
S・ノルガリヤン（C2－23）
男　フィリピン　生年不詳　一九一八年九月三〇日没

これら九人のアルメニア系人物の国籍（あるいは出身地）は、イラン、ロシア、ルーマニア、フィリピン、宗教はギリシャ正教、カトリック、プロテスタントである。アルメニア人の姓の八割には語尾に～ヤン、～アンが付くといわれる。だが、アルメニア人でなくともこの語尾を持つ民族は存在するし、また、アガシ（アガシヤン）、アズナブール（アズナブリヤン）、ヴァルタン（ヴァルタニヤン）、それにアプカー（アブガリヤン）、アラトゥーン（アラトゥニヤン）、マーティン（マルティニヤン）のように、ヤンが付かない姓も多い。そうした事情が属性の同定を極めて困難にしている。

そこで、離散アルメニア人とはいったいどのような人びとか、A・M・アプカーの事例から具体的に検証してみたい。

墓誌によれば「生地＝イスファハン（イラン）、属性＝アルメニア人、国籍＝ロシア」、『横濱貿易捷径』では「普商（プロイセンの商人）」、『居留地人物・商館小事典』では「ドイツ系貿易商社」、『横濱成功名誉鑑』では「アルメニヤ人」と記されている。

アイデンティティー、つまり「私とは何者か」という問いには、名前・生地・国籍・ことば・信教・社会意識をはじめ、生物学的判断（DNAなど）にまで及ぶさまざまな要素が含意されており、主体的な選択もあれば他者の強制によるものもある。それらは多義的、複合的でまた恣意的でもある。

フィリピンでカトリックに改宗したアルメニア商人について「改宗はとりわけマニラで長期の交易を行おうとする商人に多くの利点をもたらした。（中略）彼ら改宗者は戦略的で現実的な理由で改宗し、ジュルファに戻ると再びアルメニア教会に復帰した」という。[*42] アスラニアンのこの指摘は、フィリピンだけではなく、ほかの土地のアルメニア人にも当てはまると考えられる。アルメニア人（少なくともアルメニア商人）にとって、宗教は必ずしも絶対的で固定的で唯一の信条ではなく、状況に対応する可変的な選択肢、つまり方便でもあったといえないだろうか。

アルメニア教会の信仰を明確に打ち出さないことも、さまざまな国籍・民族・生地を称することも、また「ウサギの長い耳」を持ち、自らの置かれている状況に敏感で、それゆえに政治とは距離を置いてきたことも、それらはいずれも近代の離散アルメニア人としての「戦略的な生き方」の方策であったことが浮かび上がってくる。

註

＊1　Seth, pp.429-447

＊2　An Alphabetical List of Armenian Inhabitants Residing in Calcutta and Its Vicinity with their Occupations and Places of Residence, in *Bengal Directory and General Register for 1824-1834*

＊3　史料中の諜報部（Secret Department）とは、ＥＩＣベンガル政庁の部局と考えられる。

＊4　『アズガセル（Azgaser＝「愛国者」の意）』は一八四五年にカルカッタで一〇日ごとに刊行されたアルメニア語の機関誌。離散アルメニア人にとって刊行物は重要な意味を持っていた（ブルヌティアン、二三二頁）。同誌に掲載の「アルメニア人住民録」はルベン・ハチャトゥリヤンによる英訳資料。

＊5　Commissariat, M.S., *History of Gujarat*, vol.3, Gujarat Vidya Sabha, 1980, pp.512-513. 長島弘氏の提供資料。

＊6　Basil, Anne, *Armenian Settlements in India, From The Earliest Times to The Present Day*, The Armenian College, 1969, pp.9-10. 森本治樹氏の提供資料。

＊7　Seth, pp.303-304; Basil, pp.28-29

＊8　Basil, p.47

＊9　Seth, pp.429-430; Church Pamphlet of Sonia John, Armenian Holy Church of Nazareth

＊10　Basil, pp.35, 39

＊11　Basil, p.13

＊12 Seth, p.572
＊13 Basil, pp.19-20
＊14 Wright, pp.25-26
＊15 Armenian College, Calcutta-Photo Documents; Singapore Armenian Heritage Gallery Pamphlet of Batavia
＊16 Wright, pp.83-92
＊17 Singapore Armenian Heritage Gallery Pamphlet
＊18 Armenian College, Calcutta-Photo Documents; Singapore Armenian Heritage Gallery Pamphlet of Batavia
＊19 Basil, p.63
＊20 Basil, pp.65-66
＊21 Wright, pp.26-27
＊22 Wright, p.133
＊23 Wright, pp.137-138
＊24 Wright, p.114
＊25 Basil, pp.162-167
＊26 Chronicle & Directory 1931, Hotels in Japan, Korea, Manchuria, Etc.
＊27 Wright, p.133

＊28　Basil, p.162
＊29　Basil, pp.146-147, 162. 後にこれらのホテルはインド人財閥に買収されて、それぞれオベロイ・グランドホテル、オベロイ・エヴェレストに改称された。
＊30　Liu, Gretchen, *Raffles Hotel*, Landmark Books, 1992
＊31　Wright, pp.30-34
＊32　Wright, pp.38-39
＊33　*Volkstelling 1930, Deel VI, Europeanen in Nederlandesch-Indië*, Landsdrukkerij, 1933, p.81. 弘末雅士氏の提供資料。
＊34　Hotel Majapahit Pamphlet; Widodo, Dukut Imam, *Soerabaia in the Olden Days*, Dukut Publishing, 2010, pp.285-289
＊35　「神戸又新日報」一九〇二年五月六日、The Japan Weekly Chronicle, 1902.5.7
＊36　「神戸又新日報」一九〇三年一月三〇日、同二月一日
＊37　Japan Directory, vol.37(1907); vol.38(1908)
＊38　Japan Directory, vol.39(1908);「塩屋ホテル写真」(一九一〇年、神戸市文書館所蔵史料一〇五六七番)
＊39　「勝田倶楽部写真」(一九一八〜一九一九年、神戸市文書館所蔵史料一〇六八四番)、「外国人倶楽部設置に関する件」内務省文書、一九二四年八月二一日
＊40　The Japan Weekly Chronicle, 1918.4.18; 神戸市立外国人墓地墓域Ｄ３－５５「M.Z.Martin」

墓碑、Chinese Directory, 1912.6.11; Japan Directory vol.28(1903);「神戸登記簿台帳」第六三八号（一九一二年六月二五日登記）、The Japan Weekly Chronicle, 1906.6.11

＊41　谷口良平『神戸市立外国人墓地埋葬者記録――旧小野浜墓地及び旧春日野墓地埋葬者一覧、一八六七〜一九六一』私家版、二〇〇六年

＊42　Aslanian, p.63

おわりに

近代における離散アルメニア人はいったいどのような特徴を持っていたのだろうか。これまで語ってきたことをまとめてみたい。

第一に、アルメニアン・コミュニティの離散の「体験と記憶」である。

近世から近代への過渡期に差し掛かったアルメニアは、ユーラシア内陸の激動の渦中にあった。そうした状況が離散を誘発した一つの要因であったことは事実だ。しかし、イスファハンの新ジュルファに定着した近代以降のアルメニア人の離散は、それ以前にロシアや西アジア、地中海やヨーロッパへと展開したアルメニア人の状況とは大きく異なる。南アジア、東南アジア、東アジアに離散したコミュニティには共通の経験が見られる。それは、アルメニアという民族に付随する「歴史的な負の記憶」が必ずしも顕著ではなかったことだ。具体的に言えば、これら移動先の地域ではアルメニア人をめぐる深刻な民族紛争が起こることは稀で、また彼らが「緩衝の地の民」として絶えず分断され、抹殺されてきたという歴史上の記憶もなく、抹殺すべきだという移動先の民族による意識も、ほとんどなかったのではないだろうか。

そうした離散民側と受け入れ社会側との間の「民族的な負の遺産」が強く意識され、民族意識の自覚に結びついたのは、一九一五〜一九二二年のオスマン帝国によるジェノサイド以降のことである。それまでこれらの地では離散アルメニア人は比較的に「安住の状況」にあったといえよう。

こうした近代における「安住の状況」は、一面ではイギリスとの関係によっても補強されていった。「一六八八年協約」によって、アルメニア人は「イギリス人に準じた人々」としての地位・身分を担保された。結果的には彼らは近代のインド、東南アジア、中国、日本の居留地や植民地では、支配者とは言えないまでも準植民者《コロニスト》として遇され、自由な活動が可能な立場にあった。それに対して、植民地支配下にあった華僑・インド移民は圧倒的に被支配者の立場であり、収奪の対象であった。近代の「離散」状況について、民族によってこのような相違があったことは記憶されるべきではないか。

第二に、離散アルメニア人の「社会的・経済的地位」である。

本書で取り上げた離散アルメニア人の多くは専門的職業人であった。いくつかの事例で挙げたように、彼らは貿易商・仲介商人・保険事業者・投資家・企業家であり、また専門職の弁護士や技術者であったし、社会的には現地の慈善家でもあった。彼らの多くは政治から一定の距離を置いてはいたが、現地の社会・経済・文化面では相応の影響力を持つ名士であった。それは東南アジアの華人有力層にも共通するのだが、「移民エリート」の典型でもあったといえる。

もちろん、「モノ言える人びと」だけが離散アルメニア人ではない。記録には残らない数万・数十万・数百万のアルメニア人がいた。そのことは本書では記せなかったが、少なくとも本書で述べたアルメニア人が彼らの代弁をしてきたのではないかと考えることもできる。

第三に、離散アルメニア人、特にアルメニア商人は「ニッチの民」だという特性である。ニッチとは、辞書上は「くぼみ」あるいは「隙間」という意味だ。しかし、それは単に小規模な、あるいはマイナーな商品の交易のみを行うという意味ではない。アルメニア商人としての独自の商品や商法やルートあるいは領域において力を発揮する、いわばアルメニア人独自の「領分」という意味である。例えば「鞘どり交易」や、海洋帝国が扱わないが有用な資源の交易である。そうした生き方は、ほかの大勢力にも侵されず、対抗せず、そして併存する関係、共生関係の生き方ではなかったかと筆者には思える。

近代のアルメニア商人の場合、各国・各地域の商会の存在と商会間の関係は独特である。「のれん分け」のようにして各商会が各地で独自に存在しており、本社―支社といった支配・従属型の強いネットワークがあったわけではない。資本・商品・人事・輸送路・契約先などについて、本社からの強い規制があったわけでもない。そうした傾向は、カルカッタの本社とシンガポールやペナン、香港や神戸などに支社を持つアプカー商会の場合にも見られる。それはアルメニア人の「分散し生存する」というサヴァイバル戦略ではなかっただろうか。つまり、一つの商会（組織）が消滅してもほかの商会（組織）が生き延びるという、いわば細胞の分裂と生存に似た知恵であっただろう。この点において、第1章で見たような近世の広域巡回交易における新ジュルファ（ピヴォタル・センター）と各商都（ノーダル・タウン）との関係とは異なると考えられる。

第四に、コミュニティの「紐帯《ちゅうたい》」である。

離散アルメニア人の大多数は「家族《ファミリー》」を単位とする移動・定着を行った。この点で、華僑・インド移民の多くが単身男性の出稼ぎ移民であることと大きく異なる。とはいえ、アルメニア人の「家族」とは、おおむね一親等か二親等までで、あえて言えば「直接にコンタクトできる範囲の血統を絆《きずな》」とする結びつきであろうか。この点で、宗族や同族・同姓・同郷・同胞意識の共有による、広範で複合的な規範を持つ華僑社会のネットワークとも、ヒンドゥー系インド移民に見られるカースト・同郷・同宗といった「伝統的集団主義」とも大きく異なり、またユダヤ教を共有規範とする根強いユダヤ人の同胞意識とも異なる。離散アルメニア人としての共通の同胞意識や相互扶助の関係は顕著には見られないように思える。見方を変えれば、一面で合理的な利害共助の関係性であり、他面で非合理的でそれゆえに強靭《きょうじん》な結びつきという関係を排除して「目に見える範囲での関係」にとどまっていたのだとも考えられる。こうした関係性が離散の状況に起因するものなのか、アルメニア人の民族性なのかは明らかではない。

第五に、「宗教とアイデンティティー」の関連である。

アジア各地における離散アルメニア人のアイデンティティーについて、アルメニア教会やアルメニア人の信仰や氏名といった属性から掘り下げた。

これまでの通念として、個々のエスニックやエスニック・コミュニティの結束には、強い宗教意識があると考えられてきた。離散・定住を問わず、アルメニア人のアイデンティティーの核にはアルメニア教会の信仰があると見られてきた。しかし、アジア各地の墓碑銘、名士録、商工名鑑、改宗審問書などのさまざまな記録から浮かび上がってくるのは、離散アルメニア人の信仰がアルメニア教会やカトリック、イスラーム教あるいはユダヤ教など、個人によっては無宗教と、実に多様であることだ。またアスラニアンが指摘するように、「カトリックへの改宗も便宜的、実践的であり、融通無碍《むげ》」なのである。単一の強固な宗教的信仰がエスニックのエトスだという考えは必ずしも自明なものではない。出自の多義的表明と宗教信仰の多様性とは、彼らの「戦略的アイデンティティー」の一つと考えられるだろう。

最後に、アルメニア商人の活動から見えてくることがある。二一世紀における世界では「逃走という生き方」もあるのではないのかということである。それは離散アルメニア商人の現地調査を続ける中で次第に醸成されてきた筆者の個人的意識である。「逃走」とは「逃亡」ではなく、「敗北」でもない。離散しつつも新たな「アイデンティティー」が兆し、それを世界のどこかで醸成する一つの方策であり、二一世紀においては積極的な生き方ではないのかということだ。

国家がアプリオリに存在すると当然のように信じ、自分たちはその国家に自明の如く属し、「国民としての意識」を保持するという生き方は、やがては行き詰まってゆくのではないだろうか。

では、それに代わり、それを超克する我々の生き方とは何なのか。一言で「コスモポリタン」というには安易にすぎるが、それに代わる「積極的な意味での逃走」という概念と具体的な方策を我々が模索しなければ、二一世紀は衰亡の世紀になるのではないかとも感じている。

謝辞

本書の刊行にあたって、次の研究・資料館や研究者、友人の方々に大変お世話になりました。関西大学図書館、神戸市文書館、神戸市立中央図書館、兵庫県立図書館、横浜開港資料館、ゼンリンミュージアム（北九州市）、長崎歴史文化博物館、京都大学東南アジア地域研究研究所、神戸大学海事博物館、コルカタ・アルメニアン・カレッジ、チェンナイ・アルメニア教会、シンガポール国立図書館・公文書館、シンガポール・アルメニア教会、有馬郷土史資料館からは、関連資料の閲覧の便宜や資料の提供をいただきました。

また、アストギク・ホワニシヤン、メリネ・メスロピヤン、ゲヴォルグ・オルベイアン、クレメント・リャン、谷口良平、木下孝、頼定敬子、森本治樹、長島弘、中島偉晴、大村次郷、弘末雅士、山口元樹、旦匡子、谷口義子、吉田佳展の各氏からは、史料や現地情報の提供をいただき、また、神戸、長崎、コルカタ、ペナン、ジャワ島での現地調査をご案内いただきました。調査の中で出会い、さまざまな貴重な話をお聴きした現地の人びとにもお礼申し上げます。

執筆の途次では、堀本武功、上田周平、大麻豊の各氏からコメントや激励をいただき、執筆断念の危機を越えることができました。

本書の海外調査には大同生命国際文化基金の「大同生命地域研究賞」、日本学術振興会の科学研究費助成事業による「海域学・渡海者」研究プロジェクト（代表：上田信・立教大学文学部名誉教授）の研究分担金が大きな支援となりました。

刊行にあたっては、集英社新書編集部の金井田亜希編集長と校閲担当の方々からは、多くのご教示・ご批正をいただき、心からお礼申し上げます。

長期にわたって気ままな研究を支えてくれた妻の紀子と子供たちには、感謝のほかありません。

重松伸司
s.shigemat@gmail.com

重松伸司（しげまつ しんじ）

歴史学者。追手門学院大学名誉教授。「マレーシアおよびシンガポールにおけるインド移民社会の形成と変容」をテーマに博士号取得（文学）。著書に『マラッカ海峡物語　ペナン島に見る多民族共生の歴史』（集英社新書）、『マドラス物語――海道のインド文化誌』（中公新書）など。

海《うみ》のアルメニア商人《しょうにん》　アジア離散交易《りさんこうえき》の歴史《れきし》　集英社新書一一六〇D

二〇二三年四月二二日　第一刷発行

著者……重松伸司《しげまつしんじ》

発行者……樋口尚也

発行所……株式会社集英社

東京都千代田区一ツ橋二-五-一〇　郵便番号一〇一-八〇五〇

電話　〇三-三二三〇-六三九一（編集部）
〇三-三二三〇-六〇八〇（読者係）
〇三-三二三〇-六三九三（販売部）書店専用

装幀……原　研哉

印刷所……大日本印刷株式会社　凸版印刷株式会社

製本所……株式会社ブックアート

定価はカバーに表示してあります。

ISBN 978-4-08-721260-0 C0222

Printed in Japan

a pilot of wisdom

a pilot of wisdom

「天皇機関説」事件　山崎雅弘
列島縦断「幻の名城」を訪ねて　山名美和子
大予言「歴史の尺度」が示す未来　吉見俊哉
十五歳の戦争 陸軍幼年学校「最後の生徒」　西村京太郎
物語 ウェールズ抗戦史 ケルトの民とアーサー王伝説　桜井俊彰
シリーズ〈本と日本史〉② 遣唐使と外交神話『吉備大臣入唐絵巻』を読む　小峯和明
テンプル騎士団　佐藤賢一
司馬江漢「江戸のダ・ヴィンチ」の型破り人生　池内了
写真で愉しむ 東京「水流」地形散歩　小林紀晴 監修・解説 今尾恵介
近現代日本史との対話【幕末・維新―戦前編】　成田龍一
近現代日本史との対話【戦中・戦後―現在編】　成田龍一
マラッカ海峡物語　重松伸司
アイヌ文化で読み解く「ゴールデンカムイ」　中川裕
始皇帝 中華統一の思想『キングダム』で解く中国大陸の謎　渡邉義浩
歴史戦と思想戦――歴史問題の読み解き方　山崎雅弘
証言 沖縄スパイ戦史　三上智恵
「慵斎叢話」15世紀朝鮮奇譚の世界　野崎充彦

江戸幕府の感染症対策　安藤優一郎
長州ファイブ サムライたちの倫敦《ロンドン》　桜井俊彰
奈良で学ぶ 寺院建築入門　海野聡
江戸の宇宙論　池内了
大東亜共栄圏のクールジャパン　大塚英志
「米留組」と沖縄 米軍統治下のアメリカ留学　山里絹子
未完の敗戦　山崎雅弘
スコットランド全史「運命の石」とナショナリズム　桜井俊彰
駒澤大学仏教学部教授が語る 仏像鑑賞入門　村松哲文

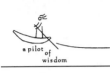